JN227234

ずるい暗記術

偏差値30から司法試験に
一発合格できた
勉強法

佐藤大和
Yamato Sato

ダイヤモンド社

「ラクしてダイエットする方法があるのに、どうして勉強にはないの？」

そう思った、あなた！
あるんです、ここに！
勉強に集中できない、勉強する時間がない、
長続きしない、結果が伴わない、
これらの問題は、すべて解決できます。

みなさん、このような勉強をしていませんか？

「問題を理解しようとする」

「ノートにひたすら書く」

「時間をかける」

すべて間違いです。

私は、こうです。

「理解はいらない！」

「ノートは使わない！」

「時間は短いほどいい！」

そう、ラクして勉強する方法があるんです。

決して、正攻法ではないかもしれません。
だからこそ、効率よく、
目標が達成できるのです!

大事なのは、何を焦点にして勉強を始めるかです。
航海に「羅針盤」が必要なように、勉強にも必要です。

目的地への「最短ルート」がここにあります。

「覚える」「思い出す」を
瞬時に行う勉強法は
独学で誰でもできます。
学校も塾もいりません！

どうか、今までの常識は捨ててください。
ダメなのはあなたではなく、
勉強法だったのだと気づくことでしょう。

はじめに

勉強の結果が出ないからラクしてできる方法を考えてみた

私は、勉強とはほど遠い環境に生まれました。

高校受験ではストレスで激太り、大学受験では血便を出すほど勉強に励んだのに、まったく結果の出ない人生を歩んできました。

子供の頃から何をやってもできなくて、高校時代は偏差値30の落ちこぼれ。模試の成績も学年でダントツのビリで、二浪の末、ギリギリで地方の国立大学に滑り込めたくらいです。

そんな私がこの勉強法を編み出したのは、最初に法科大学院の試験を受けるわずか2か月前のことです。その後、約8倍の倍率のなか合格。2年後には、司法試験になんと一発合格！　私が今、勉強法を1冊の本にしているなんて、当時の私が聞いたら、お茶を噴いて驚くことでしょう。

勉強で成果が出ない理由はたったこれだけです。

「努力をしてもできないから、やらなくなる」

では、いったい、何が私を変えたのでしょうか。
いいえ、私の学力はおそらく変わってはいません。
ただ、ラクして合格したいがために、みなさんが正しいと信じてやまないスタンダードな勉強法を捨てたのです。

暗記術の極意は「答えを見る」ことにある!

私はなぜ、日本で最難関といわれる司法試験に合格することができたのでしょうか？

それは、すべて、この本で紹介する「ずるい暗記術」を編み出したからにほかなりません。

問題を解こうとしても解けない、試験まで時間もない、でも覚えなくてはいけないことは山ほどある……。崖っぷちに立たされていた私が考えついたのが、問題集の「答えを暗記する」ことでした。

本来余裕があれば、問題から答えを導く過程を勉強するところですが、順番を変えたのです。

できるだけたくさんの答えを見て、次に問題を見る。このインプットを繰り返したら、今度は問題を見て答えを思い出すというアウトプットを繰り返す。

やることは、たったこれだけです。

なぜ、答えを先に見るといいのか？

学校で教わった勉強法と明らかに逆ですよね。

私の勉強法は、

「参考書を読む→問題を解く→答えを確認する」

ではなく、

「答えを見る→問題を見る→参考書を読む」

です。

さらにスピードを上げていけば、短時間で驚くほどの量が暗記できるようになります。

そして、大事なのは、覚えたことを忘れないようにする、「思い出すトレーニング」にあります。トレーニングを重ねれば重ねるほど、思い出す時間が短くなり、やがて瞬時に思い出せるようになります。勉強時間もさらに短縮できます。遊ぶ時間だってできてしまいます。

「覚えて、思い出す」——これら一連の作業を仕組み化した勉強法をまとめたのが本書です。

今までの勉強法を捨てた瞬間から人生は変わる！

「そんなにラクして合格できるなんてずるい！」

「そんなに短い時間で覚えられるなんてずるい！」


まさに、その通りです。

「ずるい」という言葉には悪いイメージがあるかもしれませんが、これはむしろ誰もが真似したくなる「ずるい」方法だと私は自負しています。

「勉強だから、ラクをしてはいけない」なんて、誰が決めたのでしょう。

むしろ、ラクをしたいという気持ちが効率的な勉強法を生み、結果にもつながるのです。

「ずるい暗記術」を編み出した私のように。


この本のノウハウは資格試験の合格を目指している人だけでなく、勉強や仕事でなかなか結果を出せない人、時間のないなかで勉強をしている人、記憶力をアップさせたい人など、「答え」が存在するものを学んでいるすべての人に役に立つはずだと私は確信しています。

本書の構成は、次の通りです。

第1章は、覚える方法で、第2章は、思い出す方法です。インプットとアウトプットが対になった暗記術です。

第3章は、勉強のモチベーションをアップさせる方法で、第4章は、勉強を習慣化する方法。暗記以前に、勉強が長続きしない人のための処方箋です。

勉強がなかなか続かないという人には、第3章と第4章を先に読んでから第1章を読むことをおすすめします。

それでは、この本から、最短で最強の結果を出せる勉強法を手に入れてください。

今、この瞬間から、あなたの人生は劇的に変わります。

ずるい暗記術　偏差値30から司法試験に一発合格できた勉強法　目次

第4章 習慣化するには、「できない」「やらない」をなくせばいい

序章

学年ビリで偏差値30の私がなぜ、弁護士になれたのか?

ヤンキー先生も
びっくりするような家庭に生まれて

私は、４人家族の長男として、宮城県石巻市に生まれました。家族構成は、父、母、私、弟の４人で、両親ともに高卒。父は当時苦労人でなかなか定職に就けず、仕事を転々。家はいつも貧乏でした。私が物心ついた頃の最初の記憶が、父のアフロヘアで、そのインパクトに負けないぐらい、いつも怒鳴っていました。

そんな父に負けず母も派手でした。正義感が強く、私が悪いことをすると、口より先に、ビンタが飛んでくるような、男まさりの性格でした。

そんな気性の激しい両親の下に育った運命でしょうか、神様が狙い定めたかのように、私は逆に引っ込み思案な子供になりました。病気がちで入退院を繰り返していたことや、早生まれで体が小さかったことから、いじめられた経験も一度や二度ではありません。

弟はそんな私を反面教師とし、両親に負けないぐらいの気性の激しい性格となり、毎日仲間を連れてきてはどんちゃん騒ぎをしていて、家の中はもうめちゃくちゃ。

お祭しの通り、ここでは書けないことばかりですが、「勉強」とはまったく無縁の環境でした……。

人生で初めての1位が、高校模試でダントツのビリ

私は、小学校時代から、勉強もスポーツも恋愛も、何をやってもできない子でした。一つぐらいとりえがあっていいはずなのに、それも見つからず……。小学5年生まで九九もできませんでした。でも、テストの成績は悪くありませんでした！　あまり大きな声では言えませんが、カンニングばかりしていたのです。

当たり前のことですが、「答えがわかれば、点数をとれる」ことを知った瞬間です。

カンニング（cunning）とは、「ずる賢い」という意味ですが、今思うと、この経験が、「ずるい暗記術」を生むきっかけになったのかもしれません。

これはすごい発見でした。答えだけ覚えていれば、点数がとれちゃうんですから。

まだまだ幼かった私ですが、怒られたのは言うまでもありません。

高校受験では、近所の進学校を目指しました。必死で勉強し、45kgだった体重がストレスで65kgに増えるという犠牲を払った末、ギリギリで合格！　中学の先生から、男子サッカー日本五輪代表がブラジルに勝った「マイアミの奇跡」ならぬ、「湊中学の奇跡」と揶揄されたほどです。決して、ほめられたわけではありません。

しかし、いざ高校に入ってみると、厳しい現実が待ち受けていました。進学校だけに、授業にまったくついていけないのです。周囲にどんどん置いていかれた挙げ句、学年模試で総合ビリ、偏差値30という不名誉な成績をとってしまいました。

何をやっても1位になれなかったのに、人生初の1位が「ダントツのビリ」だったというわけなのです。おかげさまで、高校では私より少し頭のいい2人を加え、「三バカ」という不名誉な称号をもらいました。

先生に言われた一言で「高校やさぐれ暗黒時代」に突入

バカはバカなりに自覚をしているものです。ただ、この日のことは、今でも忘れられません！　朝のホームルームの時間、担任の女性の先生は学年模試の結果を渡しながら私の志望校を見て、こう聞いてきました。

先生「佐藤くん、国立大学に行きたいの？」

私「はい、行きたいです」

先生「佐藤くんの成績じゃ、どこの大学にも入れないよ」

と言ってから、こんな言葉を続けました。

「夢は寝てから見るものだよ」

クラスは大爆笑！　クラスメイトたちの面前で言われたこの一言に、私は大きなショックを受けました。この言葉がトラウマとなり、「やっぱりオレってダメなんだ」と、さらに落ち込んでしまったのです。

この日を境に典型的にやさぐれていきました。テニス部をやめ、髪を金髪にして、眉毛はこれでもかというほどの細眉にし、中学時代の不良仲間と毎日遊ぶようになったのです！

そんな「高校やさぐれ暗黒時代」を過ごしていましたが、まだ働きたくなかったので、大学を受験しました。しかし、センター試験は数学20点、英語25点（200点満点中）、国語40点（200点満点中）など本当にひどい成績。当然のことながら、受かるわけがありません。

浪人生活が始まってからも、毎晩男友達と遊びまくり、金髪姿は変わらず、香水をたくさんつけて予備校の単発講座を受講し、みんなから奇異の目で見られているのを

「オレ、モテてる」と勘違いしていたくらい、何の危機感もありませんでした。

！絶対に「NO」と言わずに、背中を押してくれた親

そんななか、19歳のときに一つの転機が訪れました。家族のために働く母が過労で倒れてしまったのです。その出来事は、私の人生において、大きなターニングポイントとなりました。家に残された父、弟、私の中である誓いをそれぞれ立てました。

私は、「今度こそちゃんと勉強して大学に入る！」と決心したのです。退院した母に向かって私は土下座し、「お願いだから一人暮らしをさせて」と頼み込みました。弟が毎日仲間を連れてどんちゃん騒ぎをするので、家ではとても勉強できそうになかったからです。今まで私は何度も家族の信頼を裏切ってきたのに、どこかで信じてくれていたのでしょう、母と父はすぐに「いいよ」と言ってくれました。

その後、「司法試験を受ける」と言ったときにも、母と父は「大和がやりたいならやれば」と、背中を押してくれました。やりたいことを絶対に否定せずにやらせてく

れた両親には、今でも心から感謝しています。

家が貧乏のため両親が借金してくれ、私は仙台の狭いアパートを借りて、大学合格に向けて一人暮らしを始めました。

しかし、ドラマのような展開はありませんでした。血便が出るほど体調を崩しながらも必死に勉強したものの、センター試験の数学や理科などの科目は結局4割もとれませんでした。

涙を流しながらセンター試験を受験したことを今でもはっきりと覚えています。効率的な勉強法はまだ編み出されておらず、ムダの多い勉強でしたが、それでも、英語だけは奇跡的によくて、二浪の果てに何とか後期試験で三重大学に合格し、滑り込むことができました。

！世の中の勉強法が合わなくて「発想」を変える

大学は法学部ではなく人文学部で、政治、経済、法律を浅く広く学んでいました。あるとき必修の民法の試験を受けたのですが、答案を読んだ先生が、

「佐藤くんの答案がダントツでできていたよ」

と言ってくれたのです。ずっとできなかった自分が、初めてほめられた瞬間でした。そして、思ったのです。「自分には法律の分野は向いているかもしれない」と。

大学4年の夏、法学部でないにもかかわらず、大学の先生にほめられ調子に乗ってしまい、当時難関だった中央大学法科大学院の既修試験（2年コース）を受けました。しかし、参考書を見る勉強しかしてこなかったせいか、試験問題がまったく解けない

のです。

見事に真っ白な答案を提出。もちろん、不合格。

すでに大学入試の段階で二浪しているので、金銭的にもう浪人はできません。あとのない私の頭の中に、小学生の頃のずる賢い考えがひらめいたのです。

「問題を解く時間がないなら、問題を解かずに答えを見まくろう」

と、発想を変えたのです！ テストの前日に行う一夜漬けの方法です。

時間もないから、ノートを使うのもやめました。

全科目の問題集を買って、「答えを見て問題を見る」ことを繰り返した結果、なんと東北大学法科大学院の既修試験（2年コース）の2次試験（論文試験）に合格。

京大や東大の法学部の人たちが落ちているなか、法学部でない私がたった2か月の勉強で受かったのです！　最終的には面接で落ちてしまったのですが、このとき、「そうか、試験に直結した勉強だけをやっていれば受かるんだ」と実感しました。

これが「ずるい暗記術」誕生の瞬間です。

❗ 塾も先生もいらない！ 必要なのは「過去問」と「参考書」と「本」だけ

同じ勉強法で、私は立命館大学法科大学院の既修試験（２年コース）に合格しました。そのときの倍率は約８倍。10年以上勉強している人たちも法科大学院の入試に落ちているなかで、またもや３か月の勉強で受かってしまったことに、私は内心鼻高々でした。ところが、ここでまた挫折が訪れます。

法科大学院の授業は、先生の質問に答えながら学んでいく「対話形式」でした。理解していない私はまったく答えられず、また参考書や教科書をやる正攻法の勉強に戻ってしまったのです。私にとって、これは大きな痛手でした。

おそらくこの勉強法だから、成績を落としている人は多いはずです。

成績はさらに落ち、司法試験まであと5か月。この時点での司法試験の合格率は5%未満でした。「この1年半でなんでこんなにダメになってしまったんだろう?」と自問自答し、「私に合った勉強法はこれじゃない!」と、あの勉強法を思い出したのです。

「まず合格。受かったあとで苦労すればいい」と、過去の問題集(過去問)を繰り返し、参考書と本で知識を補うというやり方に変えました。私にとっては、こちらのほうが授業で覚えるよりもはるかに有効でした。

ラクして勉強するには、「スピード暗記」がすべてだった

はっきり断言します！　暗記さえできれば、どんな試験でも合格できます。そして試験では、瞬時に思い出す作業が最重要。だから、暗記をするときには、スピードも意識するようにしていました。

できるだけ短い時間で過去問をたくさん見ることのほか、速読にも挑戦しました。今までやってきた問題集や参考書を1ページ1秒くらいの速さで読んでみると、いろいろな記憶が面白いように紐づけされ、浮かび上がってきます。

散歩に出たり、友達と会話したりするなかでさらに覚えた知識は定着していき、ここまでくるともう楽しくて仕方がありません。

この「過去問を使った速読」は、もしかしたらすごい勉強法かもしれない、と自分でも思ったものです。試験前日も参考書をパラパラとめくるだけ。試験本番も普段か

ら短い時間でやる訓練をしていたため、余裕をもって臨むことができました。そして、司法試験5か月前に合格率が5％未満であった私が、なんと民事系科目上位5％以内というトップクラスの成績で司法試験を1回で突破したのです。

勉強の攻略法は「ウォーリーをさがせ！」でわかる

しかしこの時点で、私の勉強法はまだ完成していませんでした。答えから見る方法を続けるなか、新たな攻略法を発見したのです。

それは「問題集を先に見ると疑問点がわかる」ということです。参考書を単に読んだだけではよくわからなかったのが、先に問題集を見て疑問点を明確にしたうえで参考書に戻ると、スポンジが水を吸収するようによく理解できるのです。

そのとき、「これって『ウォーリーをさがせ！』と同じだ！」と思いました。『ウォーリーをさがせ！』では、一枚の絵の中にたくさんの人がいます。その中で、姿形を認識していないと「ウォーリー」は探すことはできません。「ウォーリー」という姿形を認識して、初めて、一枚の絵のたくさんの人の中から、効率的に「ウォーリー」を探すことができるのです。

これは書籍を読むときでも一緒なのです。ただぼんやりと読んでいても、書籍の中で、どこが大事なのか、どこがテストに出るのか、まったくわかりません。つまり、ただぼんやりと読んでいても「ウォーリー（大事な論点・疑問点）」を探し出すことができないのです。

でも、事前に、問題集の中から、「ウォーリー（大事な論点・疑問点）」を先に把握しておけば、効率的に参考書を読むことができ、知識を吸収することができるのです。

「当たり前」と言われそうなお恥ずかしい話ですが、最後の最後にやっと気づきました。

このような発見を経て、苦労して苦労して、私の「ずるい暗記術」は、初めて完成形となったのです。

さあ、次の第1章から、その極意をお伝えしましょう。

第1章

「理解」せずに、ひたすら「答え」だけを見る

問題は絶対に解かない。答えだけを見る

今、この本を手に取っているあなたは、どんな勉強方法をしていますか？塾や学校で言われた通りに、根を詰めて勉強している人もいるでしょう。教科書や参考書を読み、覚えるべきことをノートに書く。それから問題集の問題を解き、最後に過去問に挑戦する。そのように勉強しているのではないでしょうか。

時間は有限です。試験に合格したい、短い時間で早く覚えたいなら、まず、そのやり方を捨ててください。

問題は解く必要はありません。答えだけを暗記すればよいのです。

「勉強なのに、なんで問題を解く必要がないの⁉」と、驚かれるかもしれません。**問題を解こうとすると、まず「できない」という壁にぶつかってしまいます。できないという挫折感から、「やらなく」なってしまいがちです。**

ですが、**問題集には、その解けなかった「答え」が明記されています。**テストは答えさえ合っていれば合格できます。だから、**答えを暗記することから始めるのが、いちばんの近道なのです。**

特に、過去問！　過去問のいいところは、試験の対策にうってつけなのはもちろんのこと、問題をつくる人もまた同じ人間、過去問を参考にしているからです。ゆえに、過去問が有効なのです。

私がこの方法を思いついたきっかけは、単純に**時間をかけずにラクをして合格したかった**からでした。

問題を一つひとつ解く時間もなく、教科書をじっくり見るのも面倒だなと思ったとき、「どうせ過去問と同じ問題が出るんだから、その答えを覚えればいいんじゃないか」

と、ひらめいたのです。小学生のときのカンニングは悪いことと自覚していましたが、いわば、**カンニングと一夜漬けをミックスした勉強法**です。

やってみたら、頭を使わないので疲れないし、時間も節約できます。数をこなすうちに、試験に出る問題とそうでない問題の選別も自然とできるようになりました。

結果、合格できない人が続出していた当時難関の法科大学院入試に、わずか3か月の勉強で合格することができたのです。

司法試験に合格できなかった同級生の多くは、「教科書を読み、練習問題を解き、過去問を解く」という一般的な勉強をしていました。この方法には大きなデメリットがあります。一生懸命順番通りに勉強して、ようやく過去問にたどり着いたら、今まで勉強していた内容と過去問の傾向が大きく違うケースがあるからです。そこで気づいても、もう試験には間に合いません。これは、悲劇以外の何ものでもないでしょう。

答えを暗記することから始めるこの方法においては、問題と答えを理解しようとする必要もありません。

なぜなら、**「理解すること」ではなく、「合格すること」がゴール**だからです。

理解していようがいまいが、受かってさえしまえばよいのです。

もちろん、理解していることに越したことはありませんが、きちんと理解しようとすると膨大な時間がかかってしまいます。「**理解する順序を変える**」だけです。**この勉強法の最大の利点は、最初から無理して理解しようとしなくても、継続して勉強するうちに「自然と」わかってくることです。**

そして、塾や学校の授業も必要ありません。授業は、問題の解き方は教えてくれても先に答えを教えてくれないからです。暗記なら独学で、誰にでもできます。

「問題を解かない、理解しようとしない、答えだけを見る」

これほど簡単な勉強法はありません。

問題を解かずに、答えを見る

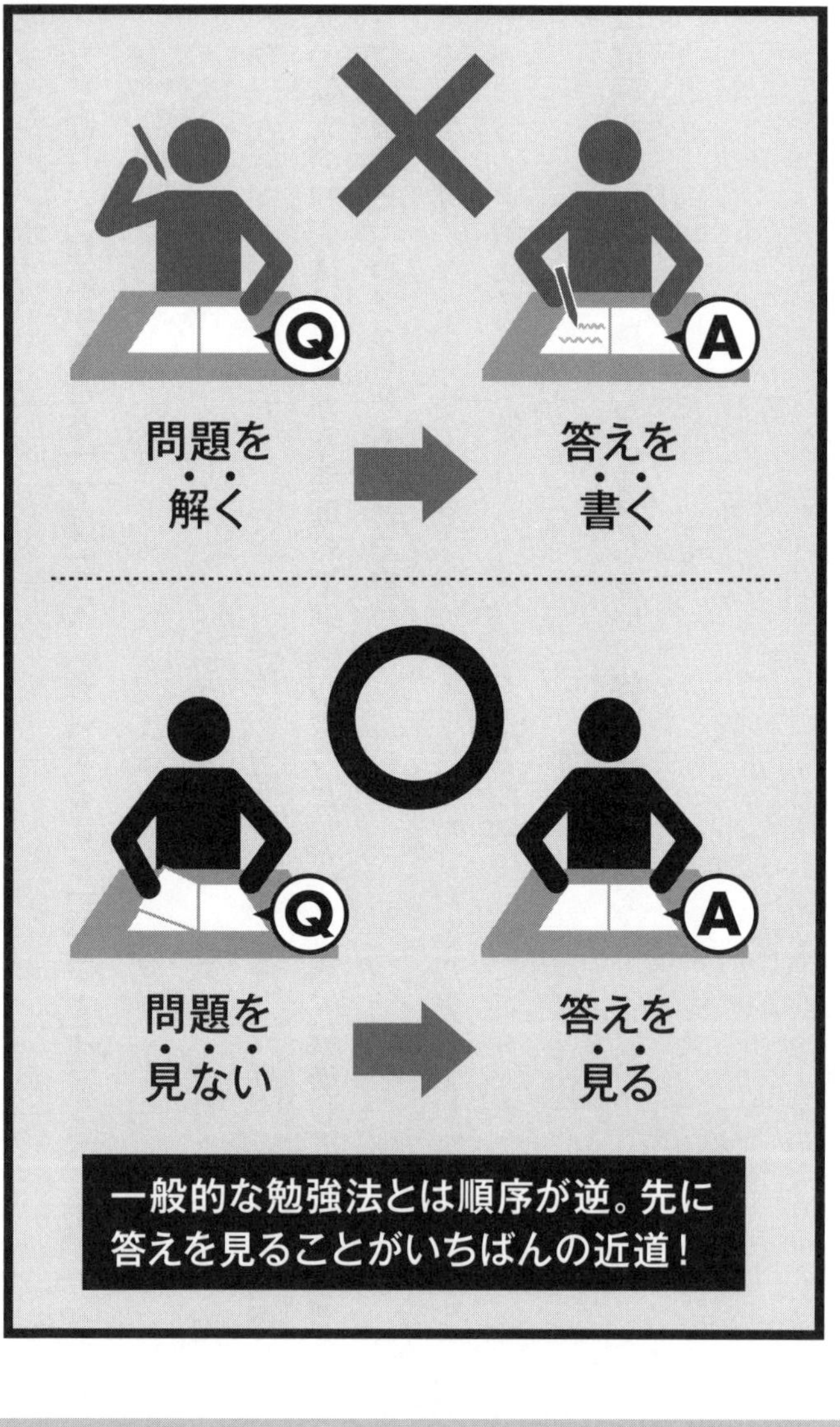

Q
A
問題を解く
答えを書く
Q
A
問題を見ない
答えを見る
一般的な勉強法とは順序が逆。先に答えを見ることがいちばんの近道！

人間は忘れる生き物だと知ることが大事

「答えを暗記することが大事とわかっていても、すぐに忘れてしまう」

「記憶力に自信がないから、そんなにたくさん覚えられない」

そんなふうに思う人は多いでしょう。


でも、忘れることを恐れる必要はありません。

人間とは、そもそも忘れる生き物なのです。

これは、さまざまな書籍や科学の分野でも証明されている事実です。

「エビングハウスの忘却曲線」が有名ですね。知らない人のために、簡単に説明しますと、勉強した20分後に42％忘れ、1時間後には56％、さらに、1日後には74％忘れるというものです。

それに基づいて考えれば、**暗記は、忘れないためにするのではなく、忘れるから必要なのです**。忘れてしまうことを気にせず、忘れることを前提にした暗記術にシフトしていけばよいだけなのです。

私はかつて、教科書を1ページ1ページ丁寧に読んで覚える、という勉強法を実践していました。ところが、1か月くらい経ったところで思い返してみると、最初のほうのページの内容をまるで覚えていませんでした。

ノートにきれいにまとめることもやりましたが、まとめるのがメインになってしまい、肝心の内容はまったく覚えていなかったということもありました。

そういった失敗を経て、教科書や参考書を読むときは、時間をかけず、全ページをパラパラとめくるようにしました。これを繰り返すほうが、1ページずつじっくり読むよりも断然記憶に残っているのです。

もう一つ、効果的だったのは、朝と夜の「記憶出し入れ術」です。

第2章で改めて解説しますが、その日やったことを夜、短い時間で復習し、翌朝、それをもう一度思い出すだけのシンプルな方法です。

これを日々繰り返すことで記憶が定着し、勉強の効率もグッと上がりました。

つまり、

長い時間×勉強量＝記憶力

ではなく、

短い時間×回数×勉強量＝記憶力

これこそ、記憶を定着させる絶対の公式です。


繰り返すことによって、**忘れる量を上回る情報を頭に入れていけばよい**のです。

当然のことのようですが、これができていない人があまりにも多いといえます。

記憶を定着させる絶対の公式

ポイントは短時間の繰り返し。忘れる量を上回る情報を頭に入れていく。

100%を目指さず、応用はやらなくていい

どんな分野でも、人は一度「できない」と思ってしまうと、なかなか手をつけようとしません。苦手意識が生じ、やらなくなってしまうことすらあります。

勉強も同じです。

いきなり高いハードルを設定すると、できなくて落ち込み、どんどん負担になっていってしまいます。

そのような状況に陥らないためには、**最初から100%を目指さない**ことです。

難しい問題には取り組まず、簡単なところからスタートするのです。

テストには、法則があります。

それは、「基礎6割、応用3割、応用よりも難しい問題1割」で成り立っているという法則です。

そして、合格するために、「6割をとること」です。60点とれれば、合格ラインです。つまり、全体の6割を占める基礎さえ落とさなければ、合格できるのです。そう考えると、基礎だけ勉強していればいいとわかりますよね。難しい応用はあえてやらなくてもかまいません。

なぜなら、**応用も基礎の積み重ねなので、基礎ができていれば自然と解けるようになる**からです。

脳科学者の茂木健一郎氏は、「勉強にはドーパミンが必要である」と説いています。ドーパミンは、脳内の神経伝達物質の一つで、快感を生み出す作用があることで知られています。さらに、人間の脳は、ドーパミンが分泌されたときの状態を克明に記憶し、その快感を再現しようとします。

つまり、勉強しているときに「できた！　楽しい！」という感情が生まれると、ドーパミンが分泌され、そのときの記憶も定着しやすくなるのです。そのためには、まず、**ラクな基礎だけをやり、脳に快感を覚えさせる**ことです。

基礎を繰り返し、少しずつ「できる」ことの範囲を広げて脳に快感を与え続けるのです。

全部を一度に覚えようとすることを捨ててください。

100点をとることも、1位をとることも必要ありません。

基礎をしっかり固めていけば、いつか応用に対応できます。

問題集をアタマからやる必要もなく、必要なところ＝できるところだけ、やってください。

ラクな基礎だけやればいい

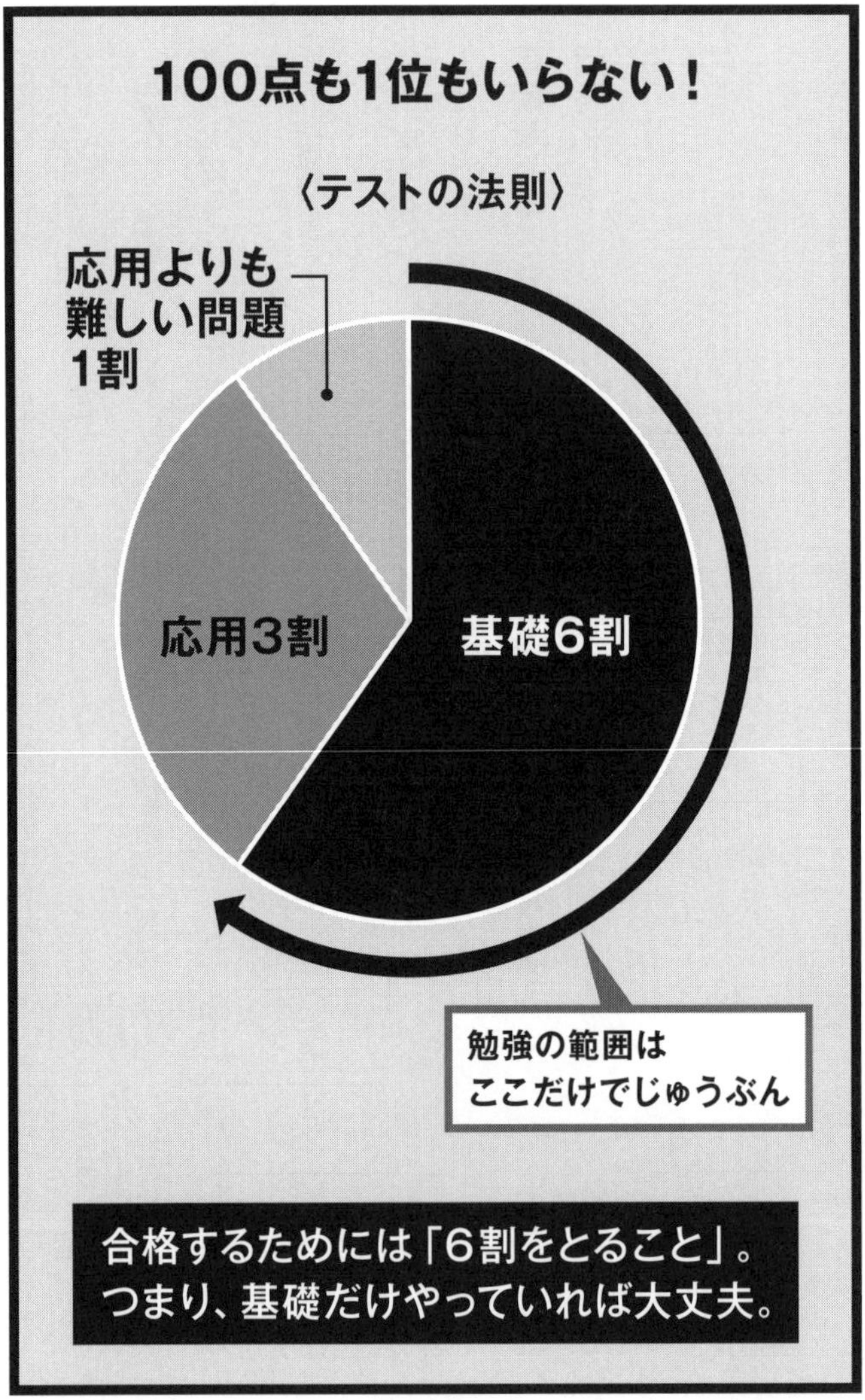
100点も1位もいらない！
〈テストの法則〉
応用よりも
難しい問題
1割
応用3割
基礎6割
勉強の範囲は
ここだけでじゅうぶん
合格するためには「6割をとること」。
つまり、基礎だけやっていれば大丈夫。

記憶の幅を うずまきのように広げていく

最初からすべてを暗記しようとしても、人間の脳には限界があります。「覚えられない」というマイナスの感情も、大きな足かせになってしまいます。

自分が覚えられる最小限の量を出発点にするのが肝心です。

頭の中で、「うずまき」をイメージしてみてください。そう、ラーメンにのっている「なると」のような形です。中心の小さな点から始まって、外側に向かってうずを巻きながら広がっていますよね。

暗記も、このうずまきのように最小からスタートし、思い出す作業を繰り返すこと

によって少しずつ記憶の範囲を広げていくのです。

頑張っているのに結果が伴わない人は、一から十まで、最初からすべてを覚えようとしているのではないでしょうか。

そういう人の暗記法のイメージは、うずまきではなく、大きなマルです。そのマルを何回も、きれいに書こうとするから負荷ばかりかかってしまうのです。しかもマルは閉じているので、範囲は広がっていきません。

うずまきなら遠心力で回っていくので大きな負荷もかかりません。ムダな力を使わず、ラクに、外へ外へとどこまででも広がっていくことができます。

ここでは、あくまでイメージだけです。

うずまきを思い浮かべながら、記憶の幅が少しずつ広がるイメージを大事にしましょう。

暗記術のイメージ

✕ 頑張っているのに結果が伴わない人

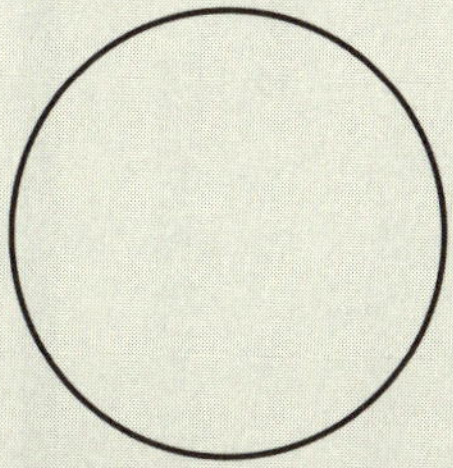

最初から完璧を目指す人は、〈きれいなマル〉

○ ラクして覚えられる人

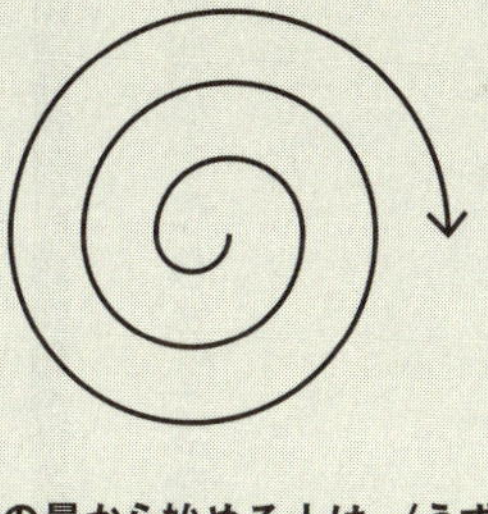

最小限の量から始める人は、〈うずまき〉

最初からすべて覚えるより、できることから始めたほうが記憶の幅は広がる。

最初は過去問だけでいい！

ここまで「**問題を解かずに答えを見る。最初から100%ではなく、最小限の量からスタートする**」ことが大切だとお伝えしてきました。

ここからは、いよいよ実践です！

最初に選ぶのは過去問です。3〜5年分くらいが掲載されているものがベストです。選び方のポイントは、まずインターネットで検索し、レビューや評判を参考にすること。解説が丁寧に書いてあるものがよりよいでしょう。

3冊くらいまで絞り込んだら、実際に書店に行き、デザインなども含めて自分の好みに合っているかどうかを確かめます。
本との相性は勉強を続けるモチベーションにも関わってくるので、直感を大切に選ぶこと。使ってみてしっくりこなければすぐ変えることです。

過去問を1冊購入したら、その日は目次に目を通し、全ページをパラパラ見るだけです。1日目からじっくりやってしまうと、そのあとが続かなくなってしまいます。もっとやれると思っても、ここはあえて、サラッと見るだけにとどめておきます。

一度にやることが重要ではなく、繰り返しやることが暗記術のキモです。最初からエンジン全開では、疲れ果ててしまいます。

目次には、その本にどんな内容が書かれているかが集約されているので、最初に目を通すようにしておきましょう。

このように、**最初は、答えを理解せず、頭も使わず、ただながめるだけ**です。

選択問題の答えが英数字のみの場合は、問題のほうで答えの内容を確認します。

これがステップ1です。

ステップ2は、答えと問題文を照らし合わせます。ステップ1同様、考えずにパラパラ見るだけでかまいません。答えを1問見たらその問題を見る、というふうに1問ずつやっていきます。

この過程は、何回か繰り返すようにします。回数を重ねるうちに、少しずつ内容が頭の中に残っていくはずです。

ステップ3は、答えと問題文に、解説をプラスします。ここでも理解しようとしてはいけません。最初は時間をかけずにパラパラと斜め読みします。もちろん、1日で終わらなくても大丈夫です。この作業も何回か繰り返し、前の回よりも、少しずつ時間をかけてじっくり読むようにしていきましょう。

解説を読むときには、読んだときの率直な感想を記載しておきます。「面白い！」とか「なるほど！」など、素直に感じたことをその解説の横にメモしておくのです。

人間の脳は、強いインパクトがあればあるほど記憶として定着します。感情をメモしておくと、繰り返し読むたびにそのときの記憶が呼び戻され、忘れなくなるのです。

この2～3のステップを10回くらい繰り返したら、薄い問題集へと移ります。なるべくいろいろな分野を網羅している定番のものを2冊くらい購入します。過去問と同じく、インターネットであらかじめ候補を見つけておいてから、実際に手にとって自分に合ったものを選ぶようにしましょう。

そこから先のステップも、過去問と同じです。

ステップ1　答えだけを見る（答えが英数字の選択の場合、問題のほうで確認）
ステップ2　答えと問題を見る（何度か繰り返す）
ステップ3　答えと問題、解説を見る（何度か繰り返し、少しずつじっくり読むようにする）

この問題集2冊と過去問1冊の常備3冊をローテーションで回しながら、繰り返し読むようにします。それをまた10回くらい繰り返したら、次は、新しい問題集や過去問を取り入れていきます。

少しレベルの高いもの、同じ問題を違う角度から解説したものなど、バリエーションを増やしていろいろな「視点」を知っておくと、試験の本番で役に立ちます。

購入する冊数が増えるとお金はかかりますが、短期間で合格できる可能性は格段にアップします。分厚い1冊を使って時間をかけて勉強したけれど合格できなかった、というほうが悲劇です。そして、さらに1年勉強するほうが何十倍のお金がかかります。

過去問の上手な活用法

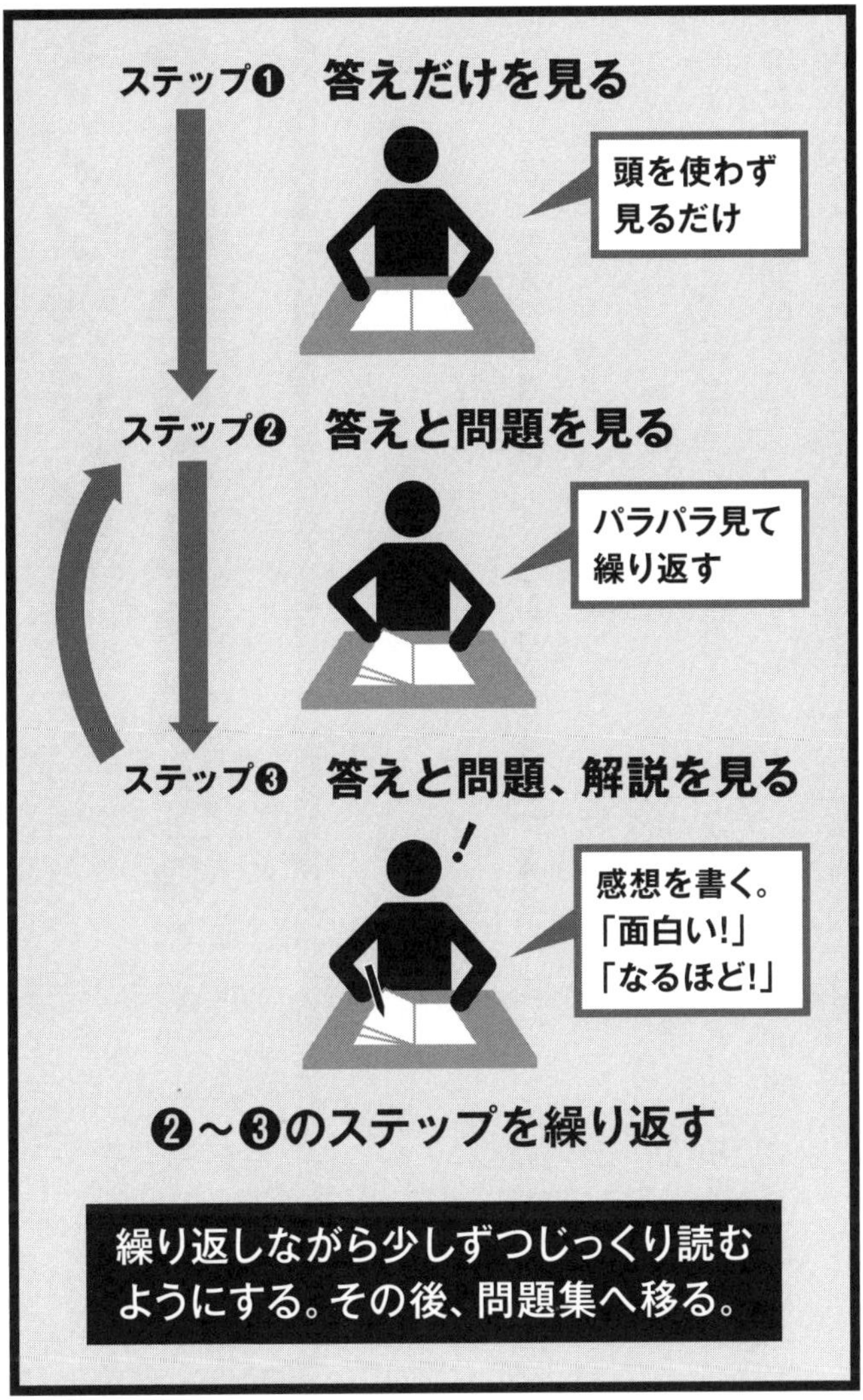
ステップ❶　答えだけを見る
頭を使わず見るだけ
ステップ❷　答えと問題を見る
パラパラ見て繰り返す
ステップ❸　答えと問題、解説を見る
感想を書く。「面白い!」「なるほど!」
❷～❸のステップを繰り返す
繰り返しながら少しずつじっくり読むようにする。その後、問題集へ移る。

ランク分けして、やらないところを決める！

過去問や問題集を５〜６回ほど繰り返し読むと、よく出てくる問題とそうでない問題があることがわかってきます。そのタイミングで、頻度を基に問題のランク分けをします。**あなたが問題を評価し、ランク分けするのです。**とはいっても、１００点満点ではやりません。やり方はいたってシンプルです。

まず、**毎年のように出題される問題をA、2〜3年に一度くらいの頻度のものをB、めったに出ない問題はC**と分類します。Ｃはやらなくてもよい問題なので、無視しても大丈夫です。ＡかＢかのランクを問題の横に直接書き込んでいきます。

さらに多くの問題に触れていくと、今度は基礎や応用といった難易度もわかるようになるので、それを基にしたランク分けも加えます。私は5段階で分けていましたが、ここではわかりやすくするため、3段階にします。**超基礎の問題は「++」、基礎の問題は「+」**と分けます。**応用問題や自分が苦手な問題は「-」**とします。これはやらなくていい問題です。

頻度と難易度でランク分けをすると、いちばん頻度が高く、超基礎の問題である「A++」を最優先にやればいいことがわかります。頻度と難易度を比べた場合、頻度の高い問題をより多くやったほうが合格を目指せるため、BよりもAを優先してやるようにします。

つまり、**「A+」と「B++」なら、「A+」のほうが優先順位が高くなります**。ただし、「A-」は、捨ててもよい問題です。なぜなら、いくら毎年出ていても、難しければ試験のときに時間をとられるだけで、文字通りマイナスになってしまうからです。

前にもお話しした「テストの法則」に従えば、あえて応用を解かなくても基礎さえできていればＯＫ。自分が苦手な問題も時間がかかり、精神的にも苦痛になってしまうので、無理に解く必要はありません。

このように問題をランク分けすることで、やるべき問題が明確になり、さらに効率よく勉強できるようになります。

頻度と難易度をランク分けする

〈頻度〉

A……毎年のように出題される問題

B……2～3年に一度くらい、出題される問題

C……めったに出ない問題

〈難易度〉

＋＋…超基礎の問題

＋……基礎の問題

ー……応用問題や自分が苦手な問題

優先順位は、$A^{+}>B^{++}>A^{-}$となる

問題をランク分けしたら問題集に書き込む。やらなくていい問題がわかる。

参考書をいきなり読むな！

ここまで、なぜ参考書の話が一度も出なかったのか、疑問に思っている人もいるのではないでしょうか。

受験勉強において、参考書は最も必要なものだと考えられていますが、実はその内容すべてが試験問題に出るわけではありません。つまり、**参考書には、絶対に必要な情報がすべて詰まっているわけではない**のです。

これまで、過去問と問題集を読み、答えだけを暗記することを推奨してきました。ですが、答えを知っているだけでは、それは知識の「点」にすぎません。もう一歩先に進むためには、ここで参考書が必要となります。**参考書は「点（答え）」を「線（知**

識)」に変える、そのつながりを明かしてくれます。答えを知った今こそ、参考書の出番なのです。

参考書選びは、過去問や問題集と同様、インターネットで調べてから書店で実際に手にとって選ぶようにします。問題集は多いほうがよいですが、参考書の場合は、司法試験のような難関でない限り、なるべくいろいろな分野を網羅している1冊があればじゅうぶんです。

では、買った参考書を開いてみましょう。

読んでいると、今まで読んできた過去問や問題集の中で出てきたものがあるはずなので、それをチェックします。チェックしなかったものは、試験には必要ないと思ってよいでしょう。

問題集をやっていたときに、問題をランク分けしたのを覚えていますか？

ここで、そのときのランク分けを覚えている範囲でよいので、参考書にも書き込みます。**自分がどれだけ覚えているかがわかるうえ、試験に必要なものとそうでないも**

のの選別がより明確にもなります。これが一つのメリットです。

そして最大のメリットは、先ほどもお話ししましたが、**「点」から「線」へと「知識がつながる」ことです**。参考書には、問題集にはない「ストーリー」があります。テーマごとの解説や時系列の説明があるので、参考書を読むと、過去問や問題集で覚えた点と点が、どのように関連しているのかがわかります。

一見、無意味に思えた情報同士がつながり、「そういうことだったんだ！」とわかった喜びから脳内のドーパミンも分泌され、記憶の定着をさらに加速させるという効果も生まれます。

参考書は、いきなり読むのではなく、答えを知ってから読む。

これが鉄則です。

「点（答え）」が「線（知識）」につながる

参考書を読むと、
「点」が「線」に変わる

バラバラに覚えた答えが参考書を読む
ことで忘れない「知識」として定着。

「答え」を知れば「問題」がわかり始める

私の提唱する「答えを見る→問題を見る」という方法は、「教科書・参考書を読む→問題を解く→答えを確認する」という一般的な勉強法とはまさに真逆です。

なぜ、「問題」ではなく、「答え」が先なのでしょうか。

そもそも、試験とは、答えの決まっているものです。そのたった一つの答えを導き出すために、手を替え品を替え、いろいろなパターンで出題されているのです。つまり、**答えを先に知っていれば、問題の数をこなすうちに、一見違う問題に見えたものが、視点や言い回しを変えただけにすぎないことがわかる**のです。

試験問題をつくる人たちも、ゼロからつくっているわけではありません。その多くは、過去問を「焼き直し」しているだけです。そこがわかってしまえば、考えなくても答えを導き出すことができ、問題を解く時間を格段に少なくすることができます。

試験では、とにかく時間が勝負です。最初のほうの選択問題でつまずくと、後半の難しい問題を解く時間がなくなってしまいます。頭のいい人なら、時間をかけなくても解くことができるかもしれません。でも、それができないのであれば、自動的に答えを書ける問題を一つでも増やして時間を稼ぐことです。この自動的に答えを書いていく「思考力ゼロ術」は、合格のための何よりの武器になります。「思考力ゼロ術」については、第2章で改めてお伝えします。

そういう意味では、この**「答えから知る」方法は、勉強が苦手な人、ラクをしたい人にこそ最適といえる**でしょう。


重要なのは、とにかくたくさんの答えを知る=覚えることです。あとはそれを問題に当てはめていけばよいのです。

覚えたことを忘れないための7つの裏ワザ

これまで短時間でインプットする方法をお伝えしましたが、せっかく覚えたことを忘れないための裏ワザが７つあります。これを知っているのと知らないのとでは知識の定着が大きく違ってきます。今すぐ実践して日々の習慣にしてしまいましょう。

1 ノートはいっさいとらない

学校でも塾でも、ほとんどの人が当たり前のようにノートをとっていると思います。

しかし、ノートをとることには実は大きな落とし穴があります。

ノートに書こうとするとき、人はきれいにまとめることを優先しがちですが、まとめることがメインになってしまうと、それはただ書いているだけで、知識はまったく自分のものになっていません。教科書を丸写しする人もいますが、それは、時間をかけて書いている間にむしろ頭から知識が逃げていってしまう最悪のやり方です。

ちなみに、ノートとメモは違います。勉強の記録としてメモを書くのはよいのですが、自分で考えずにただ書き写すだけのノートは、時間のムダです。ノートをきれいに書いている人で点数のいい人を、私は知りません。

ノートをとらない代わりに、すべきことがあります。

自分で考えて思い出すことです。書いて覚えるよりも、考えて覚えたほうが記憶は定着します。**インプットしたものを逃さないためにも、書くのではなく、思い出すというアウトプットをする**のです。

❷ 寝る直前をピークにして勉強する

みなさんは、1日のうち、いつを勉強時間のピークに持ってきていますか?

脳が最も活性化しているのは朝や午前中とよく言われますが、**暗記に関しては、夜寝る前がベストです**。私は寝る30分前をピークに、そこで一気に覚えることにしていました。

なぜなら、睡眠中はその日覚えたものが無意識下で定着するからです。つまり、**寝る直前が暗記のゴールデンタイム**なのです。ここで暗記ものを集中的にやります。

その後、その日やったことを5分間で整理してメモをして寝れば、寝ている間に勝手に記憶が脳に定着してくれるのです。

❸ 起きたらすぐ昨日の続きをする

これは、寝る直前の勉強とワンセットです。翌朝起きたら、まず昨日の復習をします。

すでにお話しした通り、記憶は寝ている間に定着します。しかし、せっかく定着した記憶も、「思い出し」をしなかったら時間が経てば経つほど流出してしまいます。そこで、**朝、目が覚めたらすぐに昨日の続きをやって記憶の流出を防ぐ**のです。夜と朝で記憶を挟んでしまうのです。

この方法は、テストの直前にも効果的です。前日の夜に覚えたことを朝復習し、そのままテストに行けば、バッチリのはずです。

❹ 満足いく睡眠時間で寝る

「睡眠が大事」というのは、もはや常識として誰もが知っていることです。スポーツでは、体を休めるために真っ先に必要なものとして睡眠が挙げられています。ですが、勉強となると、睡眠は意外とおろそかにされていることが多いのです。

スポーツは体が資本であるのと同様、勉強では頭が資本です。頭を休めなくては、効果的なパフォーマンスは期待できません。

そこで、満足のいく睡眠をしっかりととることが大切なのです。

満足のいく睡眠時間は、人によって違います。まず、**自分にとっての理想の睡眠時間を知る**ことから始めましょう。

目覚ましをかけずに寝て、自然に気持ちよく目が覚めたときの時間を何度か計ってみます。それを基準に、なるべくその睡眠時間を確保するようにします。私の場合、理想的な睡眠時間は7時間半です。

睡眠時間が守られないと、昼間眠くなってしまい、効率が上がらなくなってしまいます。眠かったら我慢せずに寝て、あとの時間に集中してやる、というのが私のやり方です。

どうしても睡眠時間を削らなくてはいけないときは、眠りの浅いときに起きるようにします。

睡眠はレム睡眠とノンレム睡眠の2通りあると言われています。レム睡眠は、体は休んでいながら脳は働いている浅い眠りの状態、ノンレム睡眠は、体も脳も休んでいる深い眠りの状態です。

この、眠りの浅いレム睡眠のときに目が覚めると、すっきり起きられると言われています。このレム睡眠とノンレム睡眠は交互に訪れ、そのサイクルは約90分ごととされているので、たとえば満足のいく睡眠時間が7時間半だったら、削るときは6時間にします。

ちなみに、私はこの90分というサイクルから、3時間睡眠というのを試したことがあります。脳は働いたのですが、1週間を過ぎたあたりで体力が続かなくなりました。やはり、脳と体は両方休めることが必要だと実感しました。

質のよい睡眠をとるには、横になってから寝るまでの時間をなるべく短くするようにするのも秘訣です。

私は目をつぶってから寝るまでを5分以内にするようにしています。私の場合、好きな漫画や本の主人公になったつもりでイメージしながら寝ると、すぐに寝られます。

みなさんも自分なりのルールで、満足できる睡眠に自分を誘導していきましょう。寝る直前までゲームや携帯の画面を見るのは、光で脳が休まらないので避けてください。

寝る環境も大切です。部屋を真っ暗にしたり、耳栓をして寝たり、視覚、聴覚もなるべく休ませるようにするとよいでしょう。

❺ 瞑想する

夜の睡眠と同様、昼間の時間帯も脳には休息が必要です。筋肉をずっと使っていると疲れるのと一緒で、脳も休息をしないと働かなくなってしまいます。「もうこれ以上続けられない」という限界を迎える前に、脳を休ませてあげることが必要です。

そこで、やってほしいのが「瞑想」です。横になると寝てしまい、かえってだるくなり、頭も重くなってしまうので、あくまでも体を起こした状態で休むのがよいのです。**あぐらをかいた状態で床に座り、目をつぶり、何も考えない「無」の時間をつくります。**

睡眠と同様、**視覚と聴覚をなるべくシャットアウトするのがベスト**です。部屋を暗くし、耳栓やヘッドホンをして雑音を遠ざけるようにします。暗くするのが難しければ、アイマスクなどを利用してもよいでしょう。香りがリラックス効果をもたらすので、お香やアロマオイルをたくのもおすすめです。

私は10～20分、完全に「無」の状態を続けられるのですが、人によって時間はさまざまです。雑念が入ってしまったら、やめるようにします。たとえ短い時間でも、瞑想をすることで脳がリフレッシュし、そのあとの勉強が俄然はかどるはずです。

❻ 1週間に1日、必ず午後をオフにする

これもリフレッシュのための方法の一つです。毎日休みなく勉強するのではなく、**1週間に1日、まったく新規の勉強をしない午後をつくる**のです。

「時間がもったいない」と言う人もいるかもしれませんが、まったく休まないと効率が落ち、トータルで見るとマイナスなのです。忙しくても、あえてオフの日をつくるようにしましょう。

オフの日の過ごし方もポイントです。何もしないでダラダラ過ごすのはダメです。まず、**満足感を得ることが大事**です。漫画や本を思い切り読むとか、旅行やデート、カラオケに行くなど、好きなことや遊びをやりきるのです。その満足感で、翌日から

エネルギッシュに勉強に向かえるはずです。

もう一つ大事なのは、刺激を得ることです。新しいことにチャレンジしたり、今まで食べたことのないものを食べに行ったり、普段経験しないことをすると、刺激を受けて脳が活性化されます。

オフの日は「満足感」と「刺激」の２つを重視しましょう。

７ 自分の「長所」を暗記力に変換する

人は誰でも「長所」を持っています。なかなか暗記できないときは、その長所を使ってみましょう。たとえば、歌を歌うのが得意だったら、数字や公式をメロディにして歌いながら覚えるようにします。そうすると、意外に覚えられるのです。

長所が思いつかなければ、「好きなもの」でもかまいません。私は辛いものが好きなので、辛いラーメンを食べながら記憶と結びつけ、「ラーメン勉強法」と名付けていました。

好きなもの、得意なものには、強い感情が働きます。食べ物の匂いなども記憶を呼び起こしやすいと言われています。これらが「トリガー」となり、覚えたことが思い出されるのです。

特に**細かい数字など、覚えにくいものほど、感情と結びつけると効果的です**。

ただし、すべての暗記にこの習慣を使っていると、ただのルーティンになってしまいます。苦手なものを覚えるときや、ここぞというときだけに絞りましょう。

勉強したことを忘れない7つの裏ワザ

1 ノートはいっさいとらない

2 寝る直前をピークにして勉強する

3 起きたらすぐ昨日の続きをする

4 満足いく睡眠時間で寝る

5 瞑想する

6 1週間に1日、必ず午後をオフにする

7 自分の「長所」を暗記力に変換する

最大のポイントは「ノートはとらない」。
書くより自分で考えて覚えよう。

第2章

記憶の「思い出し」を
ゲーム化する

暗記術の最大の目的は、「答えを思い出すこと」

第1章では、いかにラクをしながら最大限に暗記できるかの「インプット」についてお伝えしてきました。ですが、いくらたくさん覚えても、試験で思い出せなかったらまったく意味がありません。

この章では、覚えたことを出し切る「アウトプット」の方法をお教えします。それもインプットと同様、誰にでもでき、なおかつ絶大な効果のある方法です。それぞれをゲームのように攻略していってください。

インプットとアウトプットの割合は1：2と考えてください。試験までのこり3か月なら、1か月はインプットに、2か月はアウトプットに費やしてください。

そもそも、**試験とは究極のアウトプットの場**です。スポーツでいえば試合（ゲーム）、つまり本番です。今まで積み重ねてきたことを１００％出せるかどうかが勝負の分かれ目になります。

しかし、試験本番はとかく緊張するものです。いつもと違う環境に加え、周囲も気になって集中できず、解けるはずの問題も時間切れで解けなかったという経験のある人もいるでしょう。

そこで重要になってくるのが「スピード」です。特に、試験が始まって最初の5分は、ほとんどの人が舞い上がってしまいます。最後まで落ち着かないまま力を発揮できなかったという羽目に陥らないためには、日頃からスピードを意識することです。60分の試験を60分でやるのではなく、45分くらいでやれるように普段から訓練しておくのです。そうすれば、たとえ緊張して頭が真っ白になったとしても、15分ぶんの余裕があるので、そこで取り戻すことができます。

では、具体的な方法に移りましょう。

これまで「答えを見る→問題を見る」という方法で知識を取り入れてきましたが、今度はその逆です。**「問題を見る→答えを思い出す」**のです。

最初は答えを思い出せなくても気にせず、何回も繰り返します。思い出せないもの、間違っていたものは、もう一度確認し、きちんと覚えるようにします。つまり、この方法は、**アウトプットをしながら、同時にインプットもやっている**ことになります。

通常なら先にインプットをし、あとからアウトプットと順を追って行いますが、この方法なら時間をかけずに両方いっぺんにできてしまいます。その点では、試験が近いときほど、効果があります。

思い出すときのポイントとしては、紙に書かないことです。書くと時間がかかるので、頭の中だけでパッと答えが思い浮かぶように訓練してみてください。

次に、その**思い出す作業をスピードアップして行う**ようにします。初めは、試験の標準時間を目安に始めます。たとえば1問1分だとしたら、40秒、30秒……と、だんだん短くしていきます。

私の場合は「10秒かかったらダメ」というマイルールを設けていました。最終的には問題文の最初のワードを見た瞬間に答えがわかるくらいが理想ですが、できなくても焦らず、何度も繰り返していきましょう。


自転車に初めて乗ったとき、怖くてスピードが出せないのでゆっくり走りますよね。でも、慣れてくるとスピードが出せるようになり、さらに速くこげるようにもなっていきます。この「思い出し」もそれと同じで、慣れてしまえば、速いと思っていた速度が普通になり、もっともっと早く思い出せるようになります。

スピードを意識しながら思い出すようにしていくと、試験本番でも時間をかけずに答えを書いていくことができます。考えなくてもよい選択問題をできるだけ短時間で埋めてしまえば、考えて解く問題に適切な時間をかけることができます。

答えを思い出す力を養う

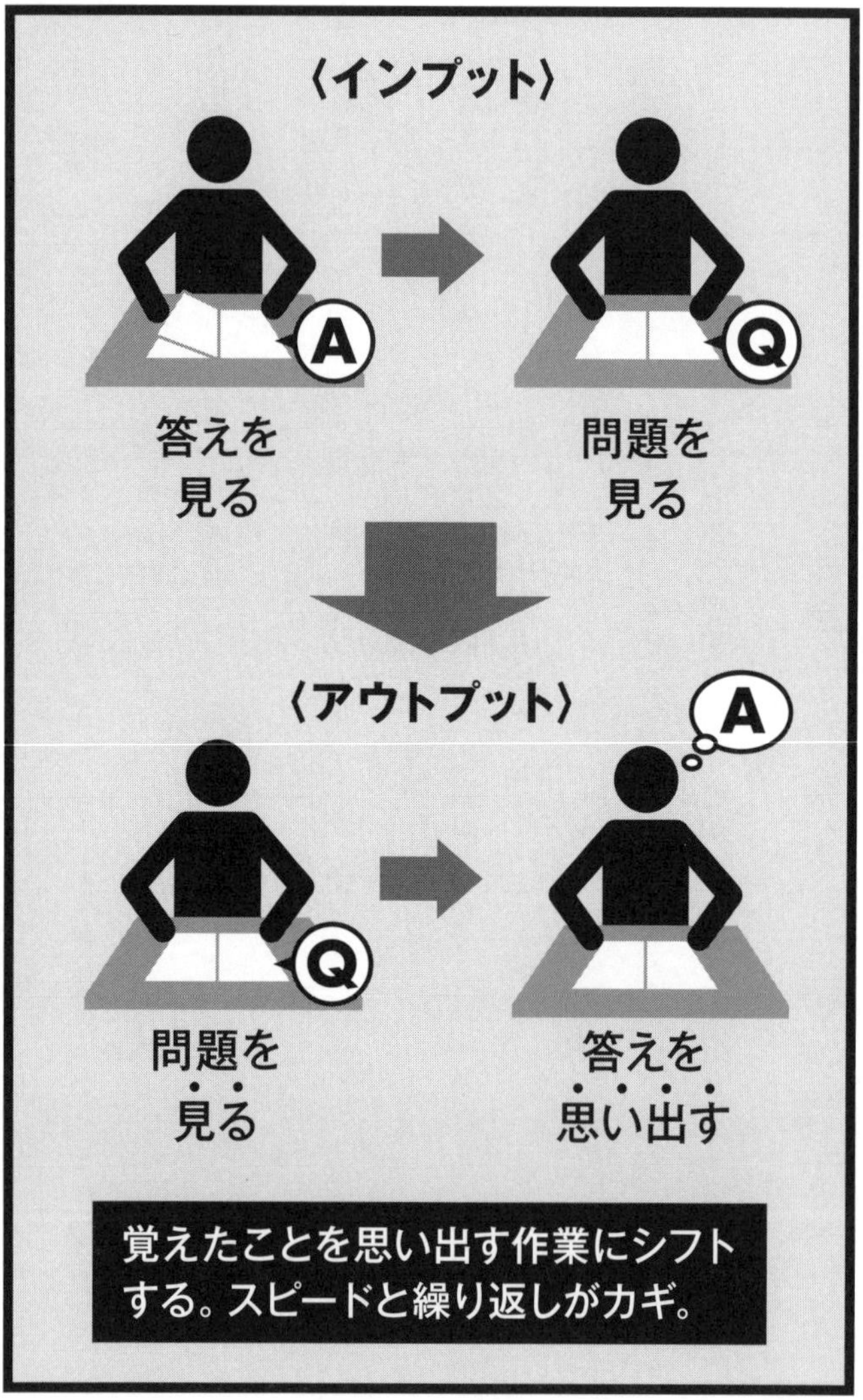

自分の頭の中に「知識の図書館」をつくる

暗記も、ただ漠然と覚えていては、いざというときに必要な情報を引き出せなくなってしまいます。いつでも機能的に情報を取り出せるようにするため、頭の中の知識を整然と並べておく必要があります。

そのためには、まず、知識の中心となるキーワードを決めます。参考書でも教科書でも、重要なワードはたいてい太字で書かれているので、それを目安にするとよいでしょう。その本の内容を端的に表している目次からも、キーワードを見つけやすいですし、もしくは索引から探すのでもよいです。大事な単語は繰り返し出てくるので、掲載されている量が多いほど、重要度が高いという判断ができます。

キーワードが見つかったら、そのワードと関連する単語を10個くらいマークします。逆にいえば、10個くらいの単語が連想できなければ、キーワードとはいえないと思ってください。


たとえば、「織田信長」がキーワードだとすると、「本能寺の変」「明智光秀」「安土桃山時代」「羽柴秀吉」「鳴かぬなら　殺してしまえ　ホトトギス」「桶狭間の戦い」「室町幕府」「楽市楽座」「延暦寺」「フランシスコ・ザビエル」と、10個の関連するワードが出てきます。

これらは、すべて試験に頻出する重要度の高いワードであり、試験の答えでもあります。第1章で問題を頻度の多い順にA、B、Cとランク分けする方法をお伝えしましたが、それに当てはめれば、Aランクのワードということになります。

次に「織田信長」を中心に、10個のワードがタグのように周りに置かれている図をイメージします。そして、その外側には、さらにBランク、Cランクのワードが置かれています。これがいわば**「知識の本棚」**です。**情報の整理された本棚をいくつも置いて、頭の中に「知識の図書館」をつくる**のです。

前の項でもお話ししましたが、試験本番は緊張したりパニックになったりしやすいものです。一度そうなると、頭が真っ白になり、何も出てきません。そんなときにこの「図書館」が役に立ちます。**一つのキーワードを思い出せれば、そこに連なるワードも連鎖して出てきます。**

また、思い出す作業を通して緊張が解け、集中モードにも入ることができます。

「知識の本棚」をつくる

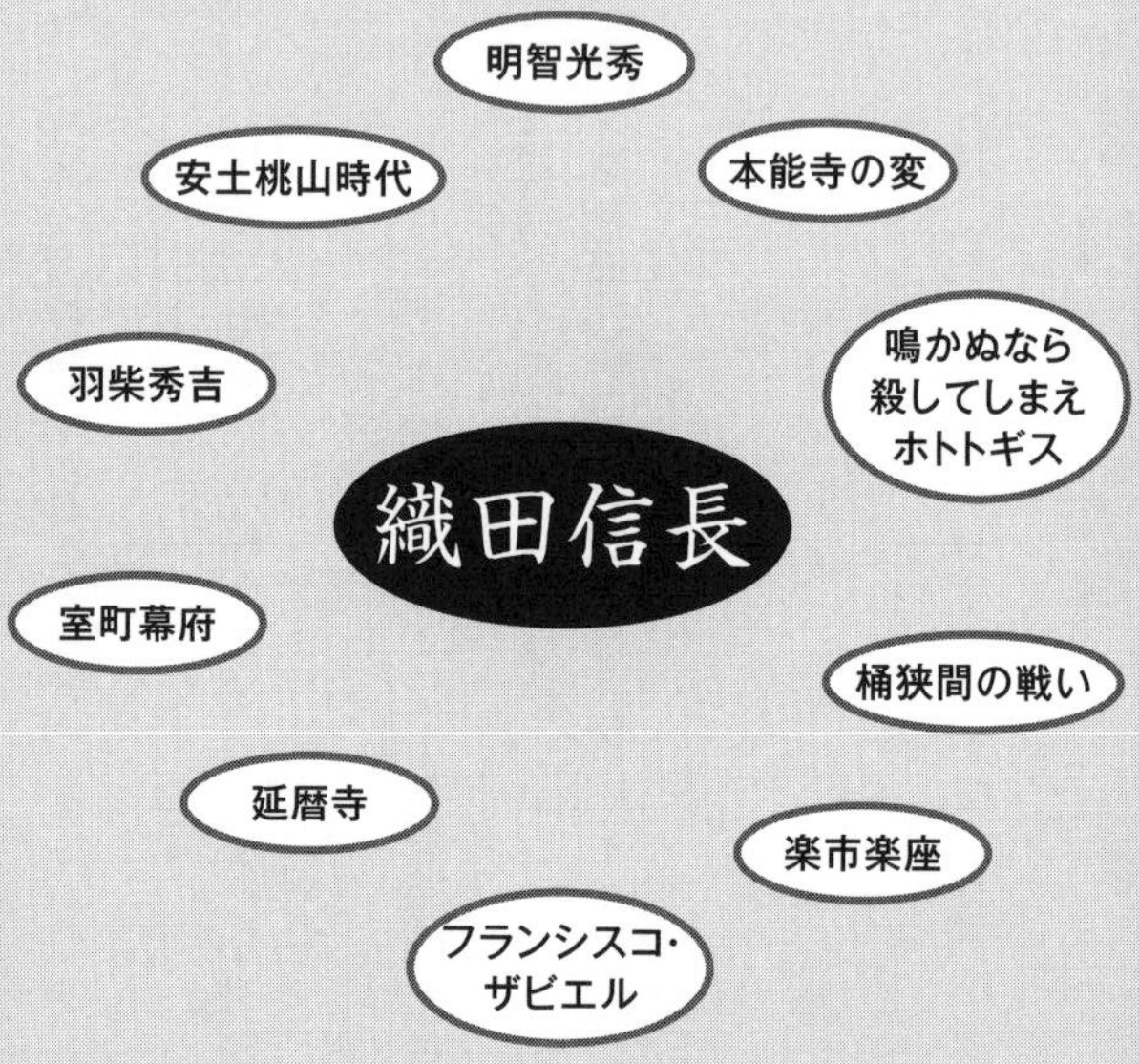

キーワードと10個のワードを紐付けしておけば、連鎖して思い出せる。

夜5分→朝5分の「記憶出し入れ術」

ここからは、私が実践した「答えを思い出す」ベストな方法をお教えしましょう。

その日やった勉強を夜寝る前の5分間に書き出す→それを翌日の朝5分間で思い出す、たったこれだけです。

これが、「記憶出し入れ術」です。夜5分→朝5分の思い出しを日々繰り返すだけです。

この方法をやろうと思ったきっかけは、当時「暗記のベストタイムは夜寝る前30分前。その情報は睡眠中に脳に記憶される」と本で読んだからです。

30分前というタイミングについては諸説あるようですが、当時の私は「30分も時間をかけたくない！」という、いつものラクをしたい気持ちから、5分でやってしまおうと思いついたのです。

書く内容は、極めてシンプルです。

まず、日付と曜日を書き、その日にやった勉強の項目とやった箇所を時系列に箇条書きにするだけです。

英語なら「文法」、日本史なら「戦国時代」、法律なら「民法」など、概要だけでよいのですが、のちに復習をするときのヒントとして問題集や参考書のページも入れておくとよいでしょう。5分で書ける量は限られていますし、書く内容にこだわりすぎると負担になってしまうので、本当に一言だけ、箇条書きでサラッと書いていきます。

書くときは、大きな概要からより小さな項目へと掘り下げながら、思い出すようにします。最終的には、答えから問題を思い出せるようになるのが理想です。

全部思い出せなくても気にする必要はありません。頭の中で覚えていることだけを基本的に書き、もし勉強内容を忘れていたら、使った問題集などを見て思い出してもかまいません。私は、小さなメモ帳に書いて枕元に置いていましたが、何に書くかも自由です。

この「夜5分」が、その日の勉強の1回目の復習兼アウトプットになります。

そして翌朝、昨日何を勉強したのかを5分で思い出します。

夜寝る前と同様、大きな概要から小さな項目へと掘り下げながら思い出すようにしましょう。

書いたメモをなるべく見ないで思い出すようにするのがベストですが、思い出せないときは見てもかまいません。

翌朝にこの作業をすることで、寝ている間に脳内に刻まれた記憶がさらに深く定着します。さらに、覚えているものと覚えていないものが明確になります。覚えていないものは時間のあるときに見直すようにします。

この「朝5分」が、2回目の復習兼アウトプットです。

夜5分→朝5分の「記憶出し入れ術」

1日目　**就寝前の5分**

その日やった内容と、問題集や参考書のページを箇条書きにする。大きな概要から小さな項目へと掘り下げていく。

2日目　**起床後の5分**

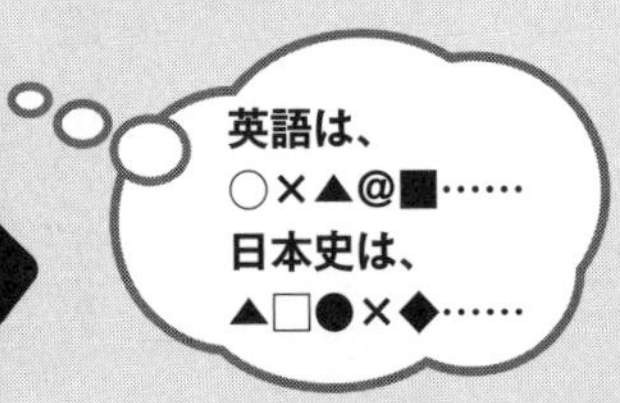

前日にやったことを思い出す。書いたメモはなるべく見ないで、頭の中だけで思い出せるよう訓練する。

寝る前に覚えたことは寝ている間に定着。翌朝の復習でさらに深く刻まれる。

間隔を空けるトレーニングで「忘れない記憶」にする

つづいて、**夜5分→朝5分の間隔をさらに空けるようにしていきます。**

たとえば、夜11時にその日やった勉強内容をメモし、翌朝の7時に思い出したとします。時間の間隔は8時間です。その間隔をさらに空け、次は翌日の午前中、次はその2日後の午前中、さらに次はその3日後の午前中というふうに、スパンを長くしていきます。

つまり、**月夜→火朝→水午前中→金午前中→月午前中のスケジュール**になります。

この間隔は最長1週間が目安です。夜5分→朝5分と同様、覚えていない箇所があったらまた繰り返すようにします。

ここで大切なのは、通常の「夜5分→朝5分」と、この1週間のサイクルを同時並行してやることです。「夜5分→朝5分」のセットは基本1回、あとは間隔を空けていくサイクルへと移行していきます。

たとえば、当時の私のメモを見ると、2月7日にやったことは、「1．昨日の復習　2．2月4日の復習　3．2月1日の復習」となっています。

つまり、間隔を空けたサイクルへ移行しつつも、そこに新しい「夜5分→朝5分」も加わっていくため、常に複数の思い出し作業を同時に行っているのです。

繰り返すことで記憶はより深く定着し、間隔を空けるほど、思い出すためにかかる時間はどんどん短くなっていきます。

実はこのやり方も、ラクをして覚えたいという意識から生まれたものでした。司法試験では、覚えなくてはいけないことが膨大にあります。でも、私は遊ぶ時間も減らしたくありませんでした。それならできるだけ覚える時間を短くしようとした結果、この方法に至ったのです。しかも、この方法を始めてから、成績が劇的にアップしました。

仕事や家事をしながら勉強している人、忙しい人にこそ、少ない時間で記憶が定着するこの方法をおすすめします。

このように、思い出す＝アウトプットを繰り返すことで、「忘れない記憶」になっていくのです。

「記憶出し入れ術」1週間早見表

	1週目					
	1日目の勉強内容	2日目の勉強内容	3日目の勉強内容	4日目の勉強内容	5日目の勉強内容	6日目の勉強内容
月	① 夜5分					
火	② 朝5分	① 夜5分				
水	③ AM5分	② 朝5分	① 夜5分			
木	↓	③ AM5分	② 朝5分	① 夜5分		
金	④ AM5分	↓	③ AM5分	② 朝5分	① 夜5分	
土	↓	④ AM5分	↓	③ AM5分	② 朝5分	① 夜5分
日	↓	↓	④ AM5分	↓	③ AM5分	② 朝5分
月	⑤ AM5分	↓	↓	④ AM5分	↓	③ AM5分
火		⑤ AM5分	↓	↓	④ AM5分	↓
水			⑤ AM5分	↓	↓	④ AM5分
木				⑤ AM5分	↓	↓
金					⑤ AM5分	↓
土						⑤ AM5分

8日間で5回の「思い出し」をやる。日曜日に新規の勉強はしない。

夜5分→朝5分の間隔を空けていくと「思い出し」の時間も短くなっていく。

1ページ1秒でパラパラ見る「記憶引き出し術」

これは、記憶を引き出すためのトレーニング方法です。

今やっている問題集や参考書を1ページ1秒くらいの速さでめくって見ていきます。

いわゆる**速読術とは違い、「読む」のではなく、「見る」作業**です。

「見て思い出す」というアウトプットに加え、1ページ1秒の速さで一冊めくることによって、その本の全体の内容を一気につかむのです。見てすぐに思い出せなかったもの、つまり理解できていないところが明確化するという利点もあります。

時間をかけて全部の勉強をするよりも、わからないところだけを取り出して集中的にやればよいので、勉強時間も短くてすみます。

序章でお話しした「ウォーリーをさがせ！」を覚えてますか？　たくさんの情報の中から、手がかりのない状態で探すのではなく、ウォーリー（大事な論点・疑問点）をあらかじめピックアップするのです。


では、具体的なやり方を説明しましょう。

前々項で説明したので、重要なワードをすでにマークしていると思います。そのワードが太字になっているもの、あるいは自分でマーカーなどで印をつけた問題集か参考書を用意します。複数冊やる必要はなく、1冊だけでじゅうぶんです。

勉強する時間帯は朝、頭のクリアなときがベストです。1ページにつき太字やマーカーをつけた1ワード、1秒を目安にパラパラとめくっていきます。必ずしも順番通りに見なくてもかまいません。めくりやすいように、紙めくり用の指サックなどを使うのがおすすめです。

わからないところが出てきても、めくる流れは止めず、その場でサッとマークするか付箋をつけ、最後まで一気にめくります。そして、そのわからなかったところを、その日の勉強課題にします。
わかるわからないの判断基準は、まず、そのワードを知っていること。次に、その言葉の意味を知っているか、人名だったら肩書きが思い出せること。さらに、関連するワードが絵のようにパッと思い浮かぶこと、の3段階です。
1秒という短い時間なので、最後の段階までいくのはなかなか難しいですが、ここまでいくことができれば、実際の試験でも問題の1ワードを見ただけで、パッと答えが思い浮かぶようになります。これこそ、第1章の最後でお話しした、考えずに答えを出す「思考力ゼロ術」です。

そう、これは、**スピードを意識し、考えずに思い出す訓練でもある**のです。

重要なワードがなるべくたくさん載っている1冊を試験会場に持っていき、直前に1ページ1秒でパラパラ見ておけば、怒涛のように記憶が引き出されるのです。

1ページ1秒の「記憶引き出し術」

試験直前にも効果バツグン！

1ページ
1秒で
1ワードを見る

太字のあるもの、
自分でマークした
参考書を使う

途中でやめず最後まで一気に見るのがコツ。わからないワードを勉強課題に。

誰かと話すことで、整理化する

一人で勉強をしていると、間違った知識をインプットしてしまっていても、なかなか気づきません。また、自分では理解しているつもりでも、実はわかっていなかったということもあります。**自分の本当の実力を客観的に認識し、覚えた情報を整理するには、今勉強している内容について他者と話し、言葉で説明してみること**です。

試験には、選択問題だけでなく、文章で解答するような応用問題もあります。もし、その内容を言葉で説明できなかったら、文章でなど説明できるわけがありません。おそらくその問題は落としてしまうでしょう。そうならないためにも、**学んだ知識について、誰かと話し、言葉にすることが大切**です。話しているうちに、自分が理解できていないところや疑問点が出てくるので、そのままにせず、きちんと調べるのです。

そうすると、知識の量も自然と増えていきます。

話す相手は、自分よりレベルが下の人、もしくは上の人を選ぶようにします。 レベルが下の人は、その人に教えることで覚えたことを再確認できますし、上の人なら、そのレベルに追いつこうとするので、自分自身も引き上げられるからです。同じレベルの人は、話していても平行線で終わることが多いので、おすすめしません。

まったく知らない人に一から説明するのも効果はありますが、やはりわかっている人と議論したほうが知識はより深まります。

司法試験の勉強中、私がよく議論をしていたのは、学年でもトップクラスの友人でした。私にとっては、彼から「理解が足りない」と言われて気づくことが多く、彼からしてみると、頭の良い自分には思いもよらないことを私が言うので、お互い自分にないものを補い合うことができ、よい刺激になりました。

この場合のように、議論する相手は、同じ分野の勉強を頑張っている友人が理想です。異性だと、恋愛に発展してしまって勉強にならなくなる可能性があるので、やはり、同性がベストでしょう。また、注意してほしいのは、時間を決めて話すことです。私と友人は、1時間とルールを決めていました。ダラダラ話していると雑談になりがちなので、気をつけてください。

また、**議論すると感情が引き出されます**。相手の論理に納得できなくてムッとしたり、言い争うことも出てきたりしますが、**感情を伴うと、人はより鮮明に覚えるようになります。誰かと話すことは、記憶を引き出す「トリガー」にもなるのです。**

覚えた情報を会話で整理する

この答えは、
●●を理由とするから、
●●になるんでしょ?
私
違うよ、
それは●●だからだよ。
そもそも●●って
どういう意味かわかっている?
レベルが上の人

レベルが上の人からは学び、下の人には教えることで知識を再確認できる。

一人二役の「自分プレゼンテーション」

前の項で、人と話すことで知識を整理できるとお伝えしましたが、話す相手がいない場合もあるでしょう。そんなときは、自分を相手に一人二役で説明をするのです。すでにお話しした通り、頭では理解しているつもりでも、言葉で説明しようとすると意外にできないということはよくあります。

説明できないということは、わかっていないということですから、たとえ一人でも、相手がいるつもりであえて口に出して説明をするのです。自分が先生役となり、生徒に教えるつもりで話してみるとよいでしょう。

外国語の勉強なら、一人二役で会話をするのが効果的です。「レストランで注文をする」「道を尋ねる」などのシチュエーションを設定して会話を続けると、自分が言えない表現や、苦手な言い回しなどもわかってきます。

図書館で勉強している、家族が寝静まったあとの時間に勉強しているなど、声を出すことが難しい環境にいる人もいると思います。そのような場合は、紙に雑でかまわないので、書くことをおすすめします。単語を書いたり論理を図にしたりしているうちに、自分でも整理がついてくるはずです。ただ、「ノート」ではないため、きれいに書くことに夢中になってはいけません。

話す場合も、書く場合も、**大切なのは「考えずにスラスラと出てくる」こと**です。「何だっけ？」と思い出しながら話したり書いたりしているのでは、記憶が定着したとはいえません。

考えずに出せるようになるよう、トレーニングを重ねましょう。

日常生活のあらゆる疑問を記憶と結びつける

みなさんは、問題集や教科書を使うことだけが勉強や暗記の手段だと思っていませんか？

実はそんなことはありません。ご飯を食べているとき、遊んでいるときなど普段の生活の中にも、あらゆる勉強の問題や答えは散らばっています。

日常生活の中で見たもの、聞いたものを**「なぜそうなんだろう？」と、つきつめていくと、それはすべて試験の問題であり、答えなのだとわかります。**

たとえば、たまたま飲んだ缶コーヒーの原産地がタンザニアだとしたら、「アフリ力のどのあたりにあるんだっけ?」と地図を思い浮かべると、地理の勉強につながります。

電車の中で見た広告の言葉を「英語だったらどう言うのだろう?」と頭の中で置き換えてみれば、それはそのまま英語の勉強になります。

こうした、ちょっとした疑問を自分の学んだもの、記憶と結びつけていきます。いわば、**「自分で問題をつくって、自分で答えを解く」**のです。

私が勉強してきた法律の分野など、まさに日常の事象をルール化したものといえます。ですから、司法試験の勉強中は、日々さまざまな疑問を自分の知識と結びつけていました。

たとえば、身近で交通事故が起きたら、「この場合はどちらが悪いのだろう?」と、自分が学んできた判例と照らし合わせていましたし、ドラマや漫画の一場面を見て「これは何の罪にあたるんだ?」と考えました。

このようにしていくと、アウトプットの場は無限大に広がります。

わざわざ机に向かわなくても、教科書を広げなくても、この方法ならいつでもどこでも、ゲーム感覚でできます。移動中や隙間時間でできますから、「勉強時間をつくらなくては」と構える必要もありません。私が実践したように、テレビや漫画など、娯楽を通してでもできるのです。

浮かんだ疑問は、自分の持っている知識、記憶で解決するようにします。解決できなければ、まだ学びが足りないということなので、わからないことをまた覚えるようにすればよいのです。あるいは、自分の持っている知識でどこまで解決できるのかに挑戦してみるのも自己研鑽につながるでしょう。

重要なのは、日常のあらゆることにアンテナを張り、些細な疑問もスルーしないことです。疑問を自分で問題化し、答えを見つけていくことで、ひらめきや思考力の向上が生まれ、試験においても効果を発揮するのです。

日々の疑問を記憶と結びつける

疑問を自分で問題にし、
答えを見つけていく

英語だったら、この言葉、何て言うのだろう？
タンザニアって、アフリカのどこにあるんだっけ？
このシーンだと、何の罪にあたるんだ？
この交通事故、どっちが悪いのだろう？

ゲーム感覚で行っているうちに、試験に役立つひらめきや思考力も向上。

本と対話しながら疑問点を明らかにする

ここまで、さまざまな方法で記憶の「思い出し」をやってきました。知識もだいぶ身についたはずです。次はもう一段階レベルアップし、知識の吸収率をさらに高める方法を紹介していきましょう。

そのレベルアップの方法とは、「本」を読むことです。

ここでいう本とは、問題集や参考書ではなく、学んだ知識に関連する読み物や専門書のことです。たとえば、英語を勉強している人なら、小説の原書などです。

どんな分野でも、知識を学ぶ前にいきなり専門書を読んだら、まったく理解できないですよね。何がわからないかが、わからないかもしれません。そのような状態で流し読みをしても、知識はまったく吸収できません。

ですが、アウトプットを重ね、知識を増やしてきた今なら、理解できる部分も、理解できない部分も明らかになっているはずです。

そこで、自分が腑に落ちない点、わからない点はどこなのかを探りながら読むようにします。「その論理はどうやって導かれたの？」「自分だったら別の解釈をするけれど……」などと、**本と対話するように読んでいく**のです。**疑問点を明確にしながら本を読むことで、知識はさらに深いものへと変わっていきます。**

この方法は、自分が今どれくらいのレベルにいるかの確認にもなります。疑問点が生まれるということは、レベルが確実に上がっている証拠です。それが実感できれば、モチベーションアップにもつながっていきます。

何も持たずに散歩する

同じ環境でずっと勉強を続け、煮詰まってしまった経験は誰にでもあるでしょう。考えても何も出てこない、覚えようとしてもなかなか頭に入らない……。そんなとき、私は「散歩」をするようにしていました。

環境を変えると、脳のリフレッシュになるのはもちろん、同時にアウトプットと情報の整理もできるからです。

散歩に出たら、さっきまでやっていた勉強の内容を思い出してみます。歩きながら考えているうちに、さっきわからなかったことが「なるほど！」と腑に落ちる瞬間があります。

環境が変わり、五感が刺激された結果、煮詰まっていたときにはわからなかった答えが見えてくるのです。これが、散歩におけるアウトプットの効能です。

ただ、さっきやっていた問題の答えや暗記した項目を思い出そうとしても思い出せないこともあります。その場合は、散歩から戻ったらその箇所をもう一度覚えるようにします。こちらは、情報の整理につながります。覚えたことと覚えていないことが明らかになり、より効率よく勉強できるようになります。

「海外旅行をすると、新しい発想が生まれる」とよく言われます。これは、初めての経験をすることで脳が刺激されるからです。

散歩も同じです。散歩は、わざわざ海外に行かなくても同じ効果が得られる、「プチ旅行」なのです。日常と違うことをしたほうがより刺激につながるという意味では、散歩のコースは毎日変えることをおすすめします。

私の場合、勉強に煮詰まったときだけではなく、授業を消化できなかったときや友達との議論で行き詰まったときにも散歩に行っていました。「さっき先生が言っていたのはどういう意味なんだろう？」「友達の論理にどうしても納得できないけど、もう一度検証してみよう」と、考えながら歩いていると、さっきまでわからなかったことが突然わかることがしばしばありました。

特に友達との議論では意見が合わなくてイライラすることもあったので、いったん外に出て冷静になれるという意味でも、散歩はとても効果的でした。

しかし、それ以上に**散歩が効果的なのは、「何もない状態で考える」ということ**です。散歩しているときは、ノートも教科書も何も持っていません。ヒントが何もない、ゼロの状態から考え、答えを見つけていかなくてはなりません。頭の中だけでパッと問題を思い出し、パッと答えを出す。この作業が、試験のときに何よりも役に立つ「思考力ゼロ術」です。

「思考力ゼロ術」については、次の項で詳しくお話しします。

最終的には「思い出し」さえもいらない

さあ、いよいよ私が提唱してきたこの暗記術もクライマックスです。

これまで、いかにラクに、効率的に「思い出し」をするか、その方法をお伝えしてきました。それをすべて出し切る究極のアウトプットの場に臨みましょう。

そう、試験本番です。

今までの勉強を振り返ってみてください。

「答えを見る↓問題を見る」という方法でインプットをし、「問題を見る↓答えを思い出す」という方法でアウトプットをしました。さらに「夜5分→朝5分」などの繰り返しによって、徹底的に脳に記憶を定着させるとともに、さまざまな「思い出し」の訓練をしてきました。

しかし、**試験本番にはその「思い出し」はもう必要ありません。**

「えっ!?」と驚くかもしれませんが、本当なのです。

この章の最初の項で、試験では、「スピードが重要」ということをお伝えしました。いかに短い時間で答えを出せるかが勝敗を分けるということは、みなさんもうご存じでしょう。

その時間を極限まで短くしていったら、どうなると思いますか？ 0コンマ数秒で答えが出せるならば、そこにはもう思い出す時間すら存在しません。今まで覚えたことがいくつも思い浮かび、何も考えずに答えをポンポンと書いていけるはずです。

逆にいえば、思い出さないと出てこないということは、まだ考えていたり迷ったりしている証拠です。思い出さなくても自然に、自動的に解けるようになることが、試験においては理想です。だからこそ「思い出し」は必要ないのです。

今までやってきたことはすべて、0コンマ数秒で答えを出せるようにするため、考える時間を限りなくゼロにする「思考力ゼロ」の状態になるためだったのです。

前にもお話ししましたが、試験では、思考しなくても解ける基礎の問題、選択問題をいかに早く埋められるかがカギです。そこでこの「思考力ゼロ術」が必要になります。クイズ番組の早押しのように、反射神経で答えを出していければ、あとは何も怖いものはありません。

「そんなに早く答えなんか出せない」と不安になっていませんか？

心配はいりません。これだけアウトプットの訓練をしてきたのですから、できないわけがないのです。応用問題も、結局は基礎×基礎ですから、ここまできたらすべての問題が解けるようになっていると言っても過言ではありません。

さあ、自信を持って試験に臨んでください。
ゴールは、もう目の前です。

第3章

「なりきり主人公」でモチベーションアップ！

「できない主人公」になりきる

勉強のモチベーションをアップさせる最大のコツは、ズバリ、「自分はできないのだ」と認めることです。「さあ、これから本腰を入れて勉強しよう！」と思った矢先に、戸惑う人もいるかもしれません。ですが、**「自分はできない」ということを、まず知ることからスタートするのが重要なのです。**

勉強だけでなく、スポーツなどでもそうですが、人は「自分はできる」と思うからこそ、うまくいかないと絶望したり、あきらめてしまったりします。自分の思い描いていた結果と現実とのギャップに苦しみ、挫折して立ち直れなくなることもあります。

でも、できないことを大前提にしておけば、それほどショックを受けることはありません。自分にがっかりすることもなくなります。**自分ができないことを知るというのは、心にダメージを負わない大切な伏線**でもあります。

私の場合は、勉強もスポーツもすべて何をやってもできないのが当たり前だったので、もともと自分に過度な期待はしていませんでした。だからこそ、できたときに「意外と簡単かもしれない」「もっとできるんじゃないか」と思えて、さらにやる気が出てきました。

そう、**できないことを認めると、できる喜びが倍増する**のです。

これまで、モチベーションを上げようと努力したけれどうまくいかなかった、という人は、心のどこかで「できないと認めたくない」「できないことは恥ずかしい」と思っているのではないでしょうか。

この際、そのようなプライドを捨てて、真っさらな状態になってみてください。ゼロからというより、むしろ、マイナスからのスタートくらいの気持ちで始めましょう。

さて、ここからはゲームの画面を頭に思い浮かべてください。

あなたは、このゲームの「できない主人公」、ダメダメな主人公です。「ドラえもん」の、のび太をイメージするとわかりやすいでしょう。のび太と違うのは、いざというときにドラえもんが助けてくれるのではなく、自分自身の力で難関をクリアして進んでいく、という点です。

ゲームのゴールは、今、取り組んでいる大学受験や資格試験の合格。少しずつ実力をつけながら、モンスター（問題）を倒していくのです。

「まだこの敵（問題）を倒すには早いかな」「もう少し修行（勉強）してから次に進もう」などと、ゲームの主人公になりきって、勉強を進めていきます。

こうやって頭の中で思い描くことで、今、ゴールまでのどのあたりの地点にいるのか、あとどれくらい勉強すればいいのか、自分のレベルもつかみやすくなります。

「できない主人公」ですから、最初は何の武器も持っていません。

でも、それでいいのです。

本物のゲームもそうですが、最初からレベル100だったら、つまらないですよね。

マイナスだったのが、ゼロになり、1になり……と少しずつレベルが上がっていくほうが楽しいですし、モチベーションも断然アップします。

できない自分を自負することは、勉強をするうえでの最大の武器であり、盾でもあるのです。

できると思う人とできないと思う人の違い

できると思う人

- うまくいかないと絶望する
- すぐにあきらめる
- プライドが高すぎる

できないと思う人

- 意外と簡単に思える
- できる気がしてくる
- レベルが上がるのが楽しい

できると思うから挫折する。できない自分を認めるとできる喜びが倍増！

できない子ができるようになる小説や漫画を読む

「できない主人公」も、いつまでもできないままでは先に進めません。

ましてや、「しょせんできないのだから、このままでいいや」などと思ってしまっては、上がるどころか落ちる一方です。

そうならないために、有効な方法があります。

それは、**「できない主人公ができるようになっていくストーリーを描いた漫画や小説を読む」**ことです。

主人公に自分を重ね合わせることで、できるようになっていく自分をより具体的にイメージしやすくなります。

私が受験勉強をしているときに愛読した漫画は、『NARUTO－ナルト－』でした。当時の私は、主人公の忍者・うずまきナルトと同じく落ちこぼれ。数々の修行を経て成長していくナルトになったつもりで、「今はできないけれど、いずれこうなっていくんだ！」と自分を鼓舞しながら、読んでいました。

小説でいえば、「ハリー・ポッター」シリーズの主人公ハリーもそうですよね。いじめられっ子だったのが、努力して一人前の魔法使いになっていく過程は、男女問わず、共感しやすいでしょう。

実在の人物なら、たとえば、アイドルの指原莉乃さん。「ヘタレキャラ」を自認していましたが、逆境をはねのけ、2013年の「AKB48 32ndシングル選抜総選挙」で1位になりました。

こんなふうに、自分が投影しやすい人物を思い浮かべて、**少しずつできるようになっていく姿をイメージしながら勉強に取り組むと、モチベーションも上がっていきます。**

この過程で重要なのは、「努力する」ことです。

ナルトもそうですし、漫画『ドラゴンボール』の主人公・孫悟空などもそうですが、どんなヒーローも、最初から優秀だったわけではありません。

厳しい修行を重ねたからこそ、強くなったのです。

今は暗いトンネルの中でも、努力することによって道が開け、光が差してきます。

漫画や小説の主人公の力を借り、「努力して先に進む」という世界観に入り込むことが大切なのです。

もう一つ、忘れてはならないのは、「努力の方向性をしっかり見極める」こと。

ただがむしゃらに頑張るだけでは、結果はついてきません。

今やっている勉強は何に効果があるのか、この問題が解けたらほかにどんなことが理解できるようになるのか、と、先を見据えて努力するのです。

「努力すれば報われる」という言葉がありますが、正確にいうと「努力する方向性を

間違わなければ報われる可能性が高くなる」のです。

漫画も、ただダラダラと読むのではなく、「今、主人公は何のためにこの修行をしているのだろう」と、気にしながら読んでみましょう。

目的意識を持って勉強するかどうかで、今後が確実に変わってきます。

できない自分を認める（スタート）↓努力する（過程）↓目標に到達する（結果）

この3つのステップを意識しながら、前進していきましょう。

「感情」を原動力にする

勉強や暗記ができるようになるためには、「感情」を伴うことが大切です。感情を揺り動かされると、人は俄然やる気になります。

私が大学を二浪しているとき、こんなことがありました。

家にこもって勉強していたら、友達がやってきて、「これからテニスの試合をするから、審判をやってくれないか」と言うのです。行ってみたら、なんとカップル同士の試合。大学生活を思い切り楽しんでいる彼らにジェラシーを感じ、「自分も早くこのどん底から抜け出してやる！」と、いっそう勉強に打ち込むようになりました。

このように、私の場合は「嫉妬」でしたが、モチベーションをアップさせる感情は、ほかにもいろいろあります。

ライバルが成功をしている姿を見て、悔しいと思ったことはありませんか？　あるいは「あんなふうになりたい」と、憧れの気持ちを持つこともあるでしょう。

もっと単純な欲求でもいいのです。「給料を上げたい」「おいしいものを食べたい」「きれいな女性とつきあいたい」。より本能に近い感情や欲求のほうが、ダイレクトにやる気につながりますし、感情が強く動けば動くほど、効果は高まります。

逆に、感情がなく、強い欲求がないと、やる気はわいてきません。勉強でも仕事でも、「どうでもいい」と思ったら、すぐ休みたくなってしまうものです。

感情を動かし続けることこそ、目的を実現する原動力なのです。

では、その感情を動かすにはどうしたらいいのでしょうか。答えは、簡単です。

自分の好きなこと、欲求に忠実になることです。

日常には、好きなもの、心を動かされるものごとがたくさん散らばっているはずです。テレビを見てアイドルにときめくことだっていいのです。日頃から好きなものごとにアンテナを張っていると、意識しなくても感情のスイッチが入るようになります。**勉強以外のものにも目を向けることが、最終的には勉強ができるようになることにつながっていく**のです。

しかし、その感情も何かのきっかけで乱されてしまうと、逆効果です。どんなに勉強に集中しようとしても、何も頭に入ってきません。

そうならないためには、あらかじめ**自分の「心の癖」を知っておく**ことです。

こんな環境にいるとイライラする、こんなことを言われるとついカチンときてしまう……。誰にでも自分なりの癖、ウィークポイントがあります。自分がどういうときに感情を乱されるのかを把握しておけば、コントロールできるのです。

私は、大きな音が苦手で、急に「ドーン」と音が響いたときなど、驚いて動揺してしまいます。

ですが、自分がそういう癖を持っていることはわかっているので、まずは落ち着いて、乱れている状態を静めようとします。

頭の中に思い描くのは、心電図のような波長の形です。激しい曲線がだんだんと水平になっていく映像をイメージします。

これはあくまで私のイメージなので、この形にとらわれなくても大丈夫です。たとえば、水面の波紋が少しずつ広がって消えていく様子など、みなさんはそれぞれ自分がイメージしやすいものを思い浮かべてください。目をつぶったほうが映像が浮かびやすく、心も落ち着きます。

心の癖がわかっていると、ダメージを引き起こす要因にはなるべく近づかないようにするなど、自分で予防することも可能です。

日頃から自分の心の癖を意識しながら、感情を揺り動かしてモチベーションを上げていきましょう。

人前で「夢」を語る

みなさんは「志望校に合格したい」「英検1級をとりたい」など、それぞれ自分の夢、理想を持っているはずです。その夢を心の中だけにとどめていてはいけません。積極的に声に出すことが肝心です。家族でも友達でも恋人でもいい、**誰かに向かって自分の夢を語るのです。**

「言霊《ことだま》」という言葉がありますよね。古来、日本では言葉に魂が宿るとされ、発した言葉通りの結果が表れると信じられてきました。

実際の結果はともかく、言葉の影響力は意外と大きいものです。

まず、自分の夢を他人に語ることで、後には引けなくなります。

人前で宣言した以上、まったくの失敗に終わったら、恥ずかしいですよね。できるだけ実現させようと奮起するため、自然とモチベーションは上がっていきます。

いわば、自らを「背水の陣」に追い込む作戦です。


さらに、**夢を語ることによって、自然とその夢に近づく道が開けていきます。**

たとえば「弁護士になりたい」と周囲に言えば言うほど、同じような夢を持った仲間や友人たちが増えていきます。弁護士の先輩を紹介してくれたり、有益な情報を教えてくれたりもします。言葉が、人や情報を呼び込み、運命の流れをつくってくれるのです。


私はこれまで、自己紹介の際に必ず自分の夢を語るようにしてきました。

「佐藤大和と言います。夢は〇〇です」と。

大学のときの夢は、「サークルを日本一にする」でした。塾の講師をしていたときは、生徒に向かって「全員第一志望に合格させてやる！」と宣言していました。

かなり壮大な夢を語ってきたのですが、夢が大きければ大きいほど、頑張ろうという気持ちも強くなる、と私は信じています。

恥ずかしいなどと思わず、積極的に大きな夢を語っていきましょう。

ポジティブ思考を引き寄せる方法

夢を語って明るい未来を想像するのとは正反対に、**もし勉強をしなかったら、もし合格できなかったらどうなるかをとことん調べることも、自分を鼓舞する有効な手段です。**

私は、「司法試験に一発合格する」と周囲に宣言していましたが、逆に弁護士になれなかったらどうなるか、ということも徹底的にシミュレーションしました。

このまま時間もお金もかかった挙げ句に友達も離れ、就職もできないかもしれない……と考えると、「たとえ指一本でも引っかけて合格しなくては！」と強く思うようになりました。

実際、大学二浪目の一年間は私にとって地獄でした。

狭くて汚いアパートの一室で、毎日誰にも会わず、ひたすら勉強するだけ。お金もなく、毎日30円のもやしを炒めて食べて、たまのぜいたくが１００円のカップラーメンという生活を送り続け、血便が出てしまうほど体調を崩してしまいました。

友だちはみんな大学生になっていて話が合わないし、勉強を頑張らなきゃいけないという強迫観念からテレビも見ず、本当に孤独でした。今起きているのか寝ているのかもわからず、自分が言っていることが正しいのか間違っているのかもわからなくなってきて、これまで生きてきたなかでも、最悪の一年間でした。

このように落ちるところまで落ちてしまうと、モチベーションは下がる一方と思われるかもしれませんが、実は逆なのです。

「二度とこんな生活は送りたくない」「行き着く先は戦うしかない、やるしかない！」

と追い込まれるから、かえって気持ちは上がります。

マイナスの状況も、一回りすると、ポジティブ思考を引き寄せるのです。

そんな浪人時代を送ったあとだけに、その後の大学生活はとても楽しかったです。とはいえ、落ちるところまで落ちたらどんな悲惨な目に遭うかがリアルにわかっていたので、遊んでばかりはいませんでした。就職のときに困らないよう4年間必死で人間力をきたえ、司法試験の勉強中も、合格しなかったらどうなってしまうのかをシミュレーションしながら頑張ったおかげで、一発合格することができました。

今、この本を手にとっているあなたも、もし試験に落ちたらどうなるのか、少し極端なくらい想像してみてください。

「そんなひどい経験はしたくない」という強い思いが、きっとやる気を引き起こしてくれるはずです。

過度なルールはつくらない、我慢しない

これまでお話ししてきた通り、私の提唱する**「なりきり主人公」は、好きなもの、欲望に忠実なのがポイント**です。そんな主人公にとって、勉強の足かせになるのが、「過度なルール」です。

前に、やる気を出すには感情と結びつけるとよいとお話ししましたが、**ルールは、逆に感情や本能を抑制してしまうものです。ルールをつくると、それにしばられて動けなくなってしまうのです。**

「この勉強が終わったらケーキを食べよう」などと、自らルールをつくっている人は多いのではないでしょうか。

でも私は、あえてこう言います。

「ケーキを食べながら勉強すればいい」

無理にルールをつくって我慢しているときは、実は集中できていません。終わったあとのご褒美（この場合はケーキ）が目的になってしまっているからです。

それなら、ケーキを食べることと勉強をすることを同時並行してやったほうがよいのです。一時的に効率は落ちるかもしれませんが、集中力は途切れないので、結果的には我慢して勉強していた人よりも先に進むことができます。

ウサギとカメでいえば、カメです。

ルールをつくって我慢しながら勉強を続けていくと、ウサギのように一見先に進んでいるように見えますが、一度休んだらもう立ち上がれません。我慢ほど続かないものはないからです。モチベーションも一回ゼロになってしまうか、もしくはマイナスになってしまうでしょう。

その点、歩みはのろくても、モチベーションを維持したまま、一歩でも二歩でも進むほうが結果を伴います。我慢しないぶん、精神面でも安定していますから、トータルでいえばこちらが勝ちなのです。

たとえば「今日は8時間勉強する」など、時間を決めるルールも、実はあまり意味がありません。8時間できなかったら、「あ〜、できなかった、ダメだ」と落ち込んでやる気がダウンしてしまいます。

「1日10ページやる」というルールも同様です。その量をやらなくては、ということにとらわれてしまい、やり遂げられないと、やはり次の日のモチベーションは確実に下がるでしょう。そして、ストレスはたまっていく一方です。

また、「試験が終わるまではテレビを見ない」など、「〜しない」という禁止事項も、必要ありません。

テレビを見たかったら我慢せずに見て、そのぶん、勉強の効率をグッと上げればよいのです。

勉強の効率化を図る秘訣は、次の第4章でお伝えします。

「時間にしばられる」「量を限定する」「禁止事項をつくる」

これらは、私に言わせれば愚かな3つのルールです。

私は、どんなものごとにおいても、**「〜しない」「やらない」という選択肢をつくらない**ようにしています。あえていうなら、それが唯一のルールかもしれません。

意味のないルールを捨て、ストレスをつくらないことが、成功へのカギです。

ライバルは誰だ？

この章の冒頭で、小説や漫画の主人公になりきって勉強する方法をお伝えしました。

ここではさらに一歩踏み込んで、自分にとってのライバルを想定してみましょう。

あらゆるヒーロー物語には、ライバルがつきものです。

漫画『ＮＡＲＵＴＯ－ナルト－』でいえば、主人公ナルトにはサスケというライバルがいますし、『ドラゴンボール』では主人公の孫悟空をライバル視しているベジータがいます。

勉強でもスポーツでも、一人で戦っていると、自分がはたしてどのくらいできているのか、どのレベルにいるのか、わからなくなってしまうことが多いものです。

そこで、**ライバルの存在が必要になります。**

相手の実力が自分にとっての物差しになるのはもちろん、「こいつには負けたくない」という気持ちがやる気を喚起するからです。「あいつが頑張っているから俺も頑張ろう！」という仲間意識も芽生え、互いに切磋琢磨していくことで、実力以上の力を発揮できることもあります。

とかく孤独に陥りがちな試験勉強においてこそ、ライバルの存在意義は大きいといえるでしょう。

さあ、自分のライバルがイメージできたでしょうか。

同じ試験を受ける友達でもいいですし、「こういうふうになりたい」と憧れる先輩や師匠でもいいです。現実にいなければ、漫画の登場人物でも、仮想でもかまいません。

「イメージをする」ということは、実は勉強法において大切なことです。

最近、若者の間で人気のライトノベルは、一般の小説に比べ、必要以上に挿絵が多いと聞きます。これは、文字だけでは内容をイメージできない読者が近年増えているからだそうです。インターネットが普及し、あらゆるものや情報が視覚化されているおかげで、想像する力が欠如している子どもが増えているのかもしれません。

今、お伝えしている「なりきり主人公」には、想像力が不可欠です。妄想するくらいのつもりでライバルとの戦いを思い描き、この勉強というワールドに深く入り込んでみてください。

限界なんて超えるためにある

モチベーションを上げるには、ときには無茶な修行も必要です。

私は、司法試験の勉強中に、第2章で紹介した「記憶引き出し術」で、1日120冊くらいの本を速読していました。

この話をすると、たいていの人が「そんなの無理に決まっている」と言うのですが、**「無理かどうかなんて誰にもわからない。限界なんて超えるためにある」**と私は強く言いたいです。

実際、私は莫大な量の情報を記憶することができました。

ページをめくりながらざっとながめていただけですが、試験のときに「あ、これについて書いてあったな」と、読んだページが思い浮かぶことが何度かありました。

人間の脳というのは、実は思っているより優秀で、普段使っている部分は少ないかもしれませんが、いざというときにものすごい力を発揮するものです。まさに「火事場のバカ力」ですね。

このように、一見無茶に思えるような読み方でも、思わぬ成果を上げることができるのです。


そもそも、私は司法試験を受ける段階から「絶対無理」「合格するわけがない」と周囲に言われ続けてきました。なにせ高校の成績が学年ビリで偏差値は30でしたから、確かに常識ではそうでしょう。でも私は「やってみないとわからない」と猛勉強し、一発合格しました。

前々項でお話しした、「ケーキを食べながら勉強する」という方法もそうです。常識ではありえないかもしれませんが、これもやってみないとわかりません。この勉強法で成績がアップする人もゼロではないでしょう。また、おいしいものを食べたという満足感が記憶と結びつくので、このとき学んだことは忘れにくいはずです。

できるかできないかを決めるのは、他人ではなく、自分です。

固定観念や思い込みにとらわれず、「できない」「無理」にあえて挑戦することをおすすめします。

とはいえ、なかには、本当に無理なこともあると思います。

そのときには、落ち込みすぎず、挑戦した自分をほめてあげるのが大切です。

また一つ、「面白いことをしたな」と思えばいいのです。やったことに意味があるのですから、失敗ものちに経験として必ず生きてきます。

自分の行動をセーブする

セーブとは行動を「抑制」するのではなく、「保存」することです。

受験勉強中、私はその日やったことを記録していました。

ある参考書を１００ページ読んだとか、Ｑ１～１００まで解いたとか、**やった量を書くだけのとても簡単なことですが、これがモチベーションアップにとても役立ちました。**

まず、一目見てどれだけやったのかがわかるため、それをこなしたという達成感が得られます。

さらに、私の場合は、できないところからスタートしていることもあって、「こんなにやれるようになったんだ」という自信にもつながりました。

ポイントは、あえて具体的な内容は書かないこと。

細かく書くと普通のメモや日記と同じになってしまい、自己満足で終わってしまいがちです。過度に記録化せず、単純に数字だけ書くようにしましょう。

また、1ページや2ページくらいの少ない量だとへこんでしまい、逆効果になってしまいます。なるべくたくさんやった日の記録を書くようにすることです。

そして、たまった記録は見返します。

以前に比べて進んでいることがわかりますし、自分が今どのレベルにいるのかも把握しやすくなります。

さらに、それだけの量をこなしていることを、周囲にも話してしまいましょう。きっと「すごい!」と言ってもらえるはずです。

人間は単純ですから、ほめられるとさらに頑張りたくなるものです。

スタートからの振り幅が大きいほど、さらに上に行けます。「自分はできる！」と思い込んで前に進みましょう。

もしかしたら、勘違いかもしれませんが、それでもいいのです。

第4章

習慣化するには、「できない」「やらない」をなくせばいい

「モテたい」をゴールにする

今、あなたは何のために勉強していますか？

一流大学に合格して一流企業に就職するためですか？　資格をとれば、安定した収入を得られるからでしょうか？　あるいは、親から言われてとりあえず勉強をしている人もいるかもしれません。

それらははたして本当の目的なのでしょうか。

私が弁護士を目指したのは、「一人でも多くの人を救いたい」「人と人との笑顔をつなげたい」という思いからでした。

でもある日、友達からこう言われたのです。

「いつもそう言っているけど、なんか抽象的だよね。本当にそう思ってるの？」

「いや、ボランティアもやってきたし、この気持ちに嘘はない」と反論したのですが、その言葉をきっかけに、「自分は何のために弁護士になりたいのだろう？」と、もう一度よく考えてみました。

その結果、実は「(有名になって) アイドルに会いたい」「(人にしばられず) 自由になりたい」と思っている本心が見えてきたのです。まさに「青天の霹靂」でした。

ちょうど、勉強が行き詰まり、自分で選んだ道のはずなのに迷いが出てきている時期でした。それが、自分の本音に気づいた瞬間、勉強を「やらされている」から「やる」に変化しました。**本能的な欲求が、やる気を奮い立たせたのです。**

「司法試験に合格したい」と漠然と思っているだけだったら、頑張る力もわかず、おそらく合格は無理だったでしょう。

あなたも、勉強をする本当の目的は何なのか、もっと掘り下げて考えてみてください。

「いい大学に入りたい」「一流企業に就職したい」のその先に、「お金が欲しい」「人気者になりたい」「高級車に乗りたい」……そんな根源的な欲求はあるのではありませんか？

これらは、総じていえば、**人やお金に「モテたい」という意識**です。

この「モテたい」を強く欲することによって、勉強への情熱がグッと高まります。

これは、勉強だけでなく、ビジネスの世界でも同じことです。

そうはいっても、自分の欲求がわからない、という人もいるかもしれませんね。

そんなときは、紙に書いてみましょう。

私の場合、まず「弁護士になりたい」と大きく書き、次にその理由を書いていきました。「アイドルに会いたい」「お金が欲しい」「自由になりたい」……と書いていき、「これは本心ではないな、違うな」と思ったらバツをつけます。

そこからさらに掘り下げて、「結婚?」「モテたい?」→「本当は?」と、もう一段階踏み込みます。すると「遊びたい?」「人を支配したい?」「ラクをしたい?」と、隠れていた欲求が出てきます。

頭の中だけで考えるよりも、自分の本音がより明確になります。

日本人はつい自分を抑制しがちですが、建前だけでは挫折します。

カッコつけずに欲求と向き合い、解放するのです。

みなさんは「グリット」という言葉を聞いたことがあるでしょうか。

ペンシルベニア大学の心理学教授アンジェラ・リー・ダックワース氏が提唱する能力で、ゴールに向かって熱心に最後までやり遂げる継続力、意思の力とされています。成功は、才能や知能には関係なく、このグリットによってもたらされるというのです。

グリットのエンジンになるのが、まさに今までお話ししてきた根源的な欲求です。

「モテたい」をゴールに、成功した姿を強くイメージしながら進んでいきましょう。

たとえ途中で道に迷っても、恐れることはありません。最初に抱いた情熱、エネルギーさえ思い出せれば、また戻ってくることができます。

「モテたい」を書き出す

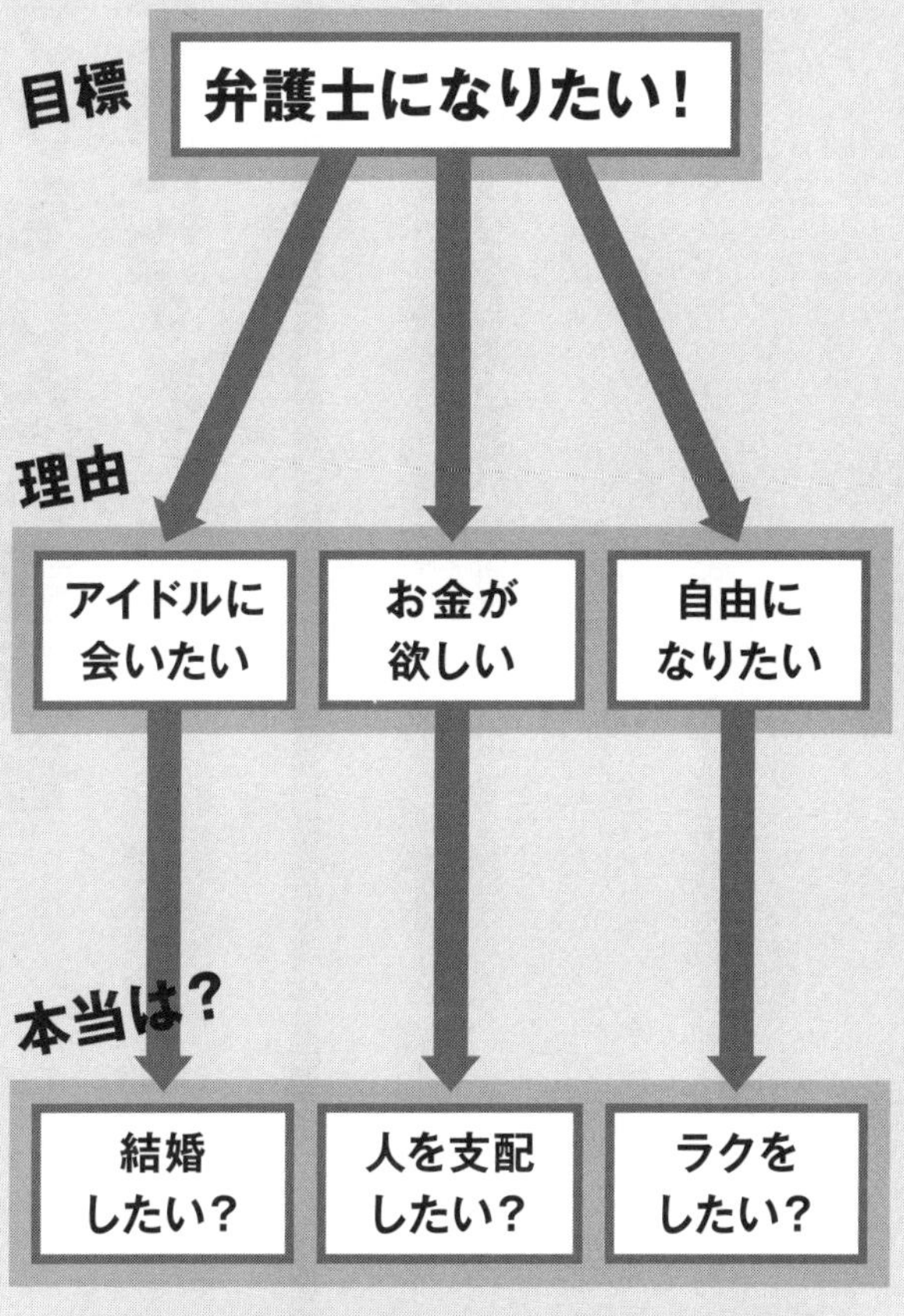
目標
弁護士になりたい！
理由
アイドルに会いたい
お金が欲しい
自由になりたい
本当は？
結婚したい？
人を支配したい？
ラクをしたい？

心に隠された「モテたい」欲をつきつめると目標への情熱がグッと高まる。

ラクをしたい意識を大事にする

前項で、欲求を解放したあなたに、もう一つ解放してほしいものがあります。

それは**「ラクをしたいという気持ち」**です。

そもそも、なぜ勉強の分野には「ラクをする」という発想がないのでしょうか。

スポーツでは、短い時間で最大の結果を出すために「加圧トレーニング」という方法が生まれましたし、ダイエットでも「ラクして痩せる!」を謳い文句にした方法が無数にあります。

それが、勉強となると、「ラクをする」のがマイナスイメージになるのか、みんなが「ラクをしてはいけない、正攻法で時間をかけてやるしかない」と思い込んでいるように見えます。でも本当は、ラクをして結果を出せる方法があるなら、誰だって試してみたいのではないでしょうか？

そう、**勉強においても「ラクをしたい」という意識を解放していいのです。その意識が効率化につながり、結果をもたらすのです。**

私は、「ラクをしたい」という意識から、「ずるい暗記術」を編み出しました。まともに解いていたら時間がない、間に合わない、というとき、いかにラクをして効率を上げるかを考えてたどり着いた方法です。答えを知っていると吸収も速くなり、驚くほどテストの点数が上がりました。当時、コペルニクス的な発想の転換だと自分で思ったものです。

これも第1章でお話ししましたが、「ノートに書く」という作業も、効率化を考えてやめました。書く速度を上げることは物理的に限界があるし、きれいにまとめても結局何も覚えていなかったからです。ノートに書かないぶん、教科書にどんどん書き入れるようにしました。

以上は私が考えた効率的な勉強方法ですが、何が合っているかは人それぞれです。自分に合ったやり方を探るには、**「やりたくないことを書き出す」**ことです。

そうすることで、自分にとってのムダが見えてきます。**やりたくない勉強法は、この際、思い切って全部捨ててしまいましょう。**

もう一つ、**「短い時間でやる」**ということも念頭に置いてください。時間は短く、常に「最短距離」を意識するのが前提です。

新しい方法を思いついたら、とりあえず試してみましょう。

ソニーの創業者の一人・盛田昭夫氏の言葉に「アイデアをいいと思う人は世の中にたくさんいるけれど、いいと思ったことを実行する人は少ない」というのがあります。

無理と思うようなことも、恐れずにやってみることです。

その中から、きっとあなたにとっての最善の方法が見つかるはずです。

ラクをしたい意識×行動＝効率化
効率化×勉強量＝最大の結果

この方程式を意識して実践していきましょう。

勉強にもラクして学ぶ方法がある

**ラクして痩せるダイエットがあるなら、
ラクして学べる勉強法もある!!**

〈ラクして学ぶ方程式〉

ラクをしたい意識 × 行動 = 効率化

効率化 × 勉強量 = 最大の結果

ラクをしたいから効率的な勉強法が生まれ、それが最大の結果につながる!

習慣化したほうがいちばんラクだと知る

「ラクをしたい」という意識から、効率的な方法が見つかったら、次はいかにそのラクな道を続けていけるかをお教えします。

それは、ズバリ**「習慣化」**です。

いくら効率的ないい勉強方法があっても、毎回「やらなくては」という意識で臨んでいると負担になってしまい、続かなくなります。一度習慣にしてしまえば、いちいち自分を奮い立たせなくても、意識せずに自然に動けるようになり、心の負担も減ります。

そして、習慣化することにより、さらに効率がアップし、最大の結果につながる、という「プラスの連鎖」が生まれていきます。

同じことを同じようにやっていては、長続きしません。

効率的な勉強方法というのは、時間をかけずに多くの量を習得することですから、これを毎日続ければ、さらに時間は短く、さらに量は多くなっていきます。

同じことの繰り返しではなく、毎日更新されているのです。

つまり、よりやらなくなる（時間をかけない）反面、よりやっている（量が増える）ことになるわけです。

私が習慣化の効用を最も実感したのは、第2章で紹介した夜5分→朝5分の「記憶出し入れ術」です。

就寝前にその日覚えたことをまとめ、翌朝起きて思い出すことを習慣にしていった結果、記憶の定着していく量が日々増えていき、模試の点数がグッと上がりました。

効率的な勉強のおかげで、遊ぶ時間が増えるというメリットもあったほどです。

習慣化をするにあたって、気をつけてほしいことがあります。

「習慣化するまでは辛抱する」ことです。

「辛抱」という言葉は、本当はなるべく使いたくないのですが、慣れるまでは我慢して例外をつくらず、徹底するのが重要です。

「自転車に乗る」という行為を考えてみてください。

自転車も、ラクをしたいという人間の意識から生まれた道具です。

乗れるようになるまでは訓練も必要で、最初は転ぶかもしれません。でも、一度乗り方を覚えてしまえば、乗ること自体苦にならず、習慣的に乗ることでさらに体が慣れ、もっと速く走れるようになります。

また、私は、箸の持ち方が悪かったのですが、あるとき人に指摘され、思い切って正しい持ち方に直しました。多少の苦労はありましたが、直してしまうと、逆に今までの持ち方が気持ち悪くてできなくなりました。

これも習慣化の一例です。

同じことを、勉強にも生かせばよいのです。

一度身についてしまえば、これほどラクに続けられる道はありません。

習慣化は恐怖心から生まれる!?

ここからは、習慣化するためのコツ、テクニックをお伝えします。

最初の項で「モテたい」という意識をゴールにするとお話ししましたが、ここで紹介するのは、その真逆ともいえる方法です。

第3章の「ポジティブ思考を引き寄せる方法」でも紹介したように、**「もし習慣化しなかったらどうなるだろう」と、徹底的に悪いことを想像するのです。**

「もし一回でもサボったら」「合格しなかったら」と想像すると恐怖心が生まれ、それが習慣化を促進します。

ネガティブな人間は、恐怖や不安からマイナスの結果を考えがちです。しかし、それは決して悪いことではありません。

実は、成功している経営者には、ネガティブな人が多いといいます。不安に思うからこそ人一倍チェックし、準備を怠らないからでしょう。

また、**人は一度失敗を経験することで、最悪の事態を招かないよう、後悔しないよう、自分なりに努力するようになる**ものです。

これまでの人生で、私が最も後悔した経験をお話ししましょう。

私は宮城県石巻市出身。子供の頃から祖母のことが大好きなおばあちゃん子でした。「司法試験に合格して弁護士バッジを見せるね」とずっと約束していたのに、最初の試験のあとに勉強をサボったばかりに二回試験（司法修習生考試）に落第。弁護士になる直前に祖母は東日本大震災で亡くなってしまい、約束を果たすことができませんでした。

そのとき、痛感したのです。「大事なときにちゃんとやらないと、大事なものを失ってしまう」と。それ以来、「今、頑張らなかったらどうなるか」を常に考えながら行動するようになりました。

司法試験を受けるときも、「一回落ちたら、二度と受からない」というつもりで、実際はともかくその後の人生をとことん悪くシミュレーションしました。「27歳で試験に落ちて、そのあともうまくいかず、30歳になると公務員試験の受験も難しくなる。就職先もなく、30代で無職。しかたなく実家に帰って、周りから白い目で見られながらバイトして、自分より若い子の下で働くのか……」などと、悪い結果を想像しました。実際、司法試験に落ちてそのような状況になっている人もいたので、リアルに思い描くことができ、「そこまで落ちる前にやろう！」と思うようになったのです。

勉強だけではありません。かわいい女性と出会って、「今、告白しなかったら二度と会えないかもしれない。だったら勇気を出して声をかけよう」と思うのも同じことです。悪い結果を回避しようという気持ちが、積極的な行動につながるのです。

このように、**ネガティブ感情もうまく利用すれば、大きなプラスに転じる**ことを覚えておいてください。

机に向かわない

「勉強は机に向かってするもの」と思い込んでいませんか？

決してそんなことはありません。

勉強は、机に向かわなくても、さまざまな場所でできます。さらにいえば、ずっと同じ場所でやっていると飽きてしまい、効率が落ちてしまいます。

環境を変えることが、勉強にはとても重要なのです。

「脳を刺激するには海外旅行が最も効果的である」と聞いたことがあります。

慣れた場所に居続けると刺激が乏しく、頭が鈍ってしまいますが、初めての場所では脳が刺激され、新しい発想が生まれるというのです。

「場所を移動すると、記憶力や情報の吸収力を高める『θ（シータ）波』が出る」というデータもあり、脳科学的にも証明されています。

私が愛読していた漫画『こちら葛飾区亀有公園前派出所』にも、同じようなエピソードがありました。刺激のない毎日を送っているおじいちゃんたちの脳の活性化のため、ゲームをさせよう、というものでした。

それを読んで、自分も「毎日机にかじりついてばかりではいけない。何か刺激を与えなければ」と思い、始めたのが、第2章でもお話しした毎日の散歩でした。

当時、私は京都に住んでいて、神社仏閣を見るのが大好きでした。散歩のゴールを自分の好きな神社やお寺に定め、そこにたどり着くまで、歩きながらいろいろなことを考えていました。

「今日の授業で、先生はなぜあのように言ったんだろう」と反芻したり、その日勉強したことをゆっくり思い出したりしていると、さっきまでわからなかったことが突然わかる瞬間がありました。場所を変えることで、脳の中の別の回路がつながったのでしょう。

ゴールの神社やお寺に着いたら、もう何も考えません。建築や仏像を見て、ただただ「すごい!」と圧倒され、感動するだけです。これが五感や心をリフレッシュさせる役割を果たし、帰る道すがらまた新たな考えが生まれたりもしました。

私にとっては、机に向かう以上に、この散歩が究極のインプットとアウトプットをもたらしました。

同じ机に向かって長時間勉強をしている人は、ためしに外に出てみてください。

私のように散歩しながらでもいいですし、図書館やカフェで勉強するのもいいでしょう。

英語を勉強しているなら、映画を観に行って耳から英語に触れるのもよいですし、司法試験を目指している人なら裁判所へ行ってみるなど、一歩外へ出るとあらゆることが勉強につながります。

簡単に環境が変えられない場合は、部屋のレイアウトを変えるのもおすすめです。机を変えたり、あるいはこたつやベッドのうえで勉強をしてみたりするのもよいかもしれません。

固定観念にとらわれず、勉強が継続できる最良の環境を見つけ出してください。

できることしかしない

勉強を続けるには、「できることしかしない」のが鉄則です。

難しいこと、高い壁から挑戦したくなる人もいるかもしれませんが、「できない」とイヤになってしまい、「やらなく」なってしまいます。

できること、わかる範囲のことから始め、それを続けていくと、だんだんできる範囲も広がっていき、大きな結果へと結びつきます。

あるいは**「興味のある分野から攻める」というのも有効**です。興味のあることは楽しんでできるため、習慣化もしやすいのです。

体育の授業の「跳び箱」をイメージしてみてください。

低い段から始めて、飛べるようになったら、一段ずつ高さを上げていきますよね。

勉強もそれと同じです。いきなり100点を目指すのではなく、まずは60点を確実にとること。それから70点、80点と点数を上げていくようにしましょう。

参考書や問題集の選び方も同様です。

よく、「この一冊ですべてがわかる」というような分厚い本を最初に買う人がいますが、それは間違いです。厚い本は、「やらなくては」というプレッシャーを招くだけでなく、できないと心が折れてしまい、やらなくなってしまいます。東大の赤本など、形から入る人もいるでしょうが、それも挫折の元です。

最初は、とにかくわかりやすい薄い一冊から始めることです。

ある程度やっている分野であれば過去問、それも10年分などではなく、3〜5年分くらいがおすすめです。ちなみに、私が司法試験の勉強で使っていたのは『司法試験スタンダード100』（早稲田経営出版）というシリーズでした。まったく初めての分野の場合は、薄い参考書から入りましょう。

第1章の「最初は過去問だけでいい！」と同様に、いきなり本屋に行くとどれを選んだらよいかわからなくなってしまうので、まずインターネットでレビューやページ数をチェックしておくことです。第三候補くらいまで絞ってから本屋に行き、実際に自分の目で選ぶようにします。本も相性があるので、自分にとって読みやすいか、わかりやすいかどうかを基準にするのがコツです。

薄い一冊を選んで購入したら、10回くらい繰り返して読むようにします。

ただし、同じ本だけを読み過ぎると、考えずにただ見るだけになってしまい、知識もそこで止まってしまいます。

私は、これで失敗した経験があります。

生物の試験の本を買って20回ほど繰り返し読んで勉強していたのですが、センター試験の結果はボロボロでした。その本に書いてあったことしか覚えていなかったので、同じ問題でも、少し切り口が変わるとたんにわからなくなってしまったのです。
最初の一冊が7～8割くらい理解できたら、違う角度から解説した本、もう少し詳しい本へと、意識してステージを上げていくことです。本代はかかるかもしれませんが、このほうが確実にレベルが上がり、合格へと近づくので、トータルで考えれば安くすむのです。

このように、**「できることしかしない」の「できること」を増やしていきましょう。**

集中力を引き出すアイドルソング

勉強を続けていると、誰もが気が散る瞬間があるはずです。集中できずについほかのことを考えたり、別のことをやり出してしまったりして、実はちっとも進んでいない、ということはないでしょうか。

そんなとき、私はアイドルの曲を聴くようにしていました。特によく聴いていたのは、ＡＫＢ48やジャニーズの曲です。司法試験の勉強のイメージとはかなりギャップがありますが、これが集中力を高めるのにとても効果がありました。

なぜ、アイドルの楽曲が集中力を引き出すのでしょうか。

まずは、**ノリのよさ**です。明るくノリノリの曲が多いので、聴いているうちにテンションが上がります。アイドルの曲などヒットする音楽のリズムは、心臓の鼓動のテンポに似ていると言われています。そのため曲のリズム感に体や気持ちが同化しやすく、シンプルで覚えやすいメロディとあいまって、気づくと自分の世界に入り込んでいます。そうなると、周囲のよけいなものにとらわれず、勉強のリズムをグッとつかむことができるのです。

アニメソングも同じような効果があります。アニメ「涼宮ハルヒの憂鬱」の挿入歌「God knows…」なども、私はよく聴いていました。

この方法は、特に集中の必要な時期、たとえば前に出てきた、辛抱して習慣化を身につけなくてはならないときなどにおすすめです。

ただし、曲を聴くのは、あくまでも集中のためのとっかかりです。集中してきたら聴くのをやめましょう。その後は自分のリズムで、さらに深い集中に入っていくようにします。

自分の好きな曲にこだわらず、明るくノリのいい曲を選ぶのがコツです。

ToDoリストをつくって、つぶす楽しさを得る

勉強を習慣化する方法の一つとして私が実践してきたものに「ＴｏＤｏリスト」があります。

その日やることを書くだけの、いたってシンプルなものです。

以下は、ＴｏＤｏリストをつくる際の５つのポイントです。

1 朝に書く

リストはその日の朝に作成しましょう。朝の復習分を終えてからです。前の日につ

くってしまうと、寝坊したときなど、できなくて焦ってしまうかもしれませんし、その日のモチベーションや体調によっても内容は変わってくるからです。

やった項目を夜に線を引くなどしてつぶし、捨てずにとっておきます。あとで見返すので、つぶすときは文字を消してしまわないよう注意してください。たまったリストを毎日めくってながめることが復習となり、知らず知らずのうちに記憶が定着していきます。これが、ＴｏＤｏリストをつくる大きな目的です。

私は、持ち歩いていつでも見られるように小さなメモ帳に書いていましたが、何に書くかはみなさんの自由でかまいません。

❷具体的な項目、キーワードを書く

リストは、具体的かつ端的に書くようにします。

たとえば、「教科書の４～５ページを読む」というのでは、漠然としていて意味がありません。質や量ではなく、何を調べたいのか、吸収したいのかをはっきり書くのです。司法試験であれば、「立憲主義」など、その日勉強したいキーワードを書いておきます。

キーワードや項目は、ランダムに思いついたものではなく、前日わからなかったことを書くのがいいでしょう。

❸ 最低5個はリストアップする

ＴｏＤｏリストは多すぎると負担になって続きませんし、少なすぎるとモチベーションが上がりません。

リストの数は5個を目安にしてください。

❹ ポジティブなことしか書かない

リストも勉強だけでは、煮詰まってしまいがちです。

たとえば5個のうち3個を勉強の項目にしたら、2個は「ラーメンを食べに行く」「漫画を読む」など、楽しいこと、ポジティブなことを書くようにします。

感情と記憶は連動しています。楽しいことを書いておくと、勉強に関する記憶も呼び起こしやすくなります。

❺ できるものだけリストにする

前にもお話しした通り、ここでも大切なのは「できることしかしない」ということです。高いハードルを設定すると、できなくて挫折してしまうので、リストに書くのはその日の最低限のノルマにとどめます。

それをやり終えてつぶすことで達成感が得られ、その結果、毎日続けられるようになるのです。

ToDoリストの作成例

9/17(木)

~~1　法学教室の会社法の問題(2008年分)~~
~~答案構成のみ~~
2　民法の条文の制度趣旨を復習する
3　行政法:原告適格、
処分性の判断基準について
4　三宅君とラーメン
5　漫画「ゴッドハンド輝」を読んで、
気持ちを奮い立たせる。

目標は高く設定せず、できることだけリストに。勉強以外の事柄も入れよう。

遊んで、遊びまくって、あえて勉強時間を短くする

「勉強をしているときは遊ばない」「遊んでいる人は勉強をおろそかにしている」など、昔から、勉強と遊びは両立しないと思われてきました。

しかし、本当はそうではありません。

勉強と遊びは同時にできるのです。それどころか、**遊びの時間をつくることで、勉強の効率はもっと上がります。**

基本的に、人は、時間があると妥協をしてしまいます。

勉強に限らず、時間があると思うとついダラダラしてしまい、何かをやろうと思ってもなかなか腰が上がらなくなってしまうものです。

逆にいえば、時間が限られていると、追い詰められるので、いやがおうでもやるようになり、その結果、効率はグンと上がります。

勉強の効率化のためには、意図的にそのような状況をつくることが必要です。つまり、あえて遊びの時間をたくさんつくり、少ない時間の中で勉強をする環境に身を置くのです。

私は、時間があったがために、大きな失敗をしたことがあります。

それは、二浪していたときでした。予備校に行かず、独学だったので、時間はたっぷりあるからと、数学の教科書をノートに丸写しするということをやってしまったのです。それが愚かな勉強法だと気づいたのは、センター試験が終わったあとでした。ノートにきれいに写すことに重きをおいていて、内容はちゃんと覚えておらず、４割もとれなかったのです。まさに最悪の結果でした。

そのときの反省をふまえ、それからは少ない時間でいかに効率よくやるかを考えるようになりました。

大学時代は、ボランティアサークルの部長をやりつつ、ボランティア団体を立ち上げ、その活動に奔走していました。塾講師のリーダーも務め、ゼミ長としてゼミのHPをつくるなど、本当にたくさんのことをやっていました。

正直、勉強する時間はほとんどなかったのですが、「できないと言わずに、全部やったほうが絶対にカッコいい!」と、その短い時間の中で自分なりに工夫をして勉強しました。

その結果、三重大学出身者では初めて立命館大学の法科大学院2年コースに入学することができたのです。そこまでいろいろやりながら、なおかつ勉強も誰にも負けなかったというのは、今でも誇れることです。

Facebookを開設したマーク・ザッカーバーグも「ブレーキを壊せ」と発言しています。

何か新しいことをやろうと思ったとき、多くの人がついブレーキをかけてしまいますが、無茶をしないと人は成長できないのです。

ブレーキをはずして、遊びも勉強も欲張ってやってみましょう。

遊びの中から新しい発想が生まれ、それが勉強にも生きてきます。

今、勉強に専念しているみなさんにこそ、私はあえて「遊びまくれ！」とメッセージを送ります。

勉強で全力疾走する

最後にお伝えするのは、「全力疾走する」という方法です。
「勉強で全力疾走?」と疑問に思われるかもしれません。
スポーツならともかく、勉強の分野で「全力疾走」という発想は、今までなかったでしょう。実は、**勉強にも、瞬発的に鍛える方法がある**のです。

わかりやすくお話しするため、まずはスポーツに置き換えてみましょう。
50mの距離を時間をかけてダラダラ歩いても、それは、ただ歩いただけです。
同じ50mでも、短距離走だったら、全力で走りますよね。思い切り走ることによって筋肉に負荷がかかり、強化されていきます。

勉強に置き換えると、イメージしやすいのは「一夜漬け」です。

テストの前日、「もう間に合わない！」という焦りから、寝る間も惜しんで必死で勉強した経験がある人も多いはずです。せっぱつまっているから、集中して、とにかく自分の持っている力を出し切る。その一晩が、まさに全力疾走です。

「一夜漬け」は、文字通り一夜限りですが、それと同じくらい**濃い時間を日常的につくるようにしていく**のです。

この本で今までお伝えしてきた暗記術も、モチベーションアップや習慣化の方法も、短い時間で結果を出すというこの「全力疾走」という概念につながります。

スポーツなどでよく使われる「ゾーン」という言葉があります。

「集中力が抜群で、活動に完璧に没頭している最高の状態」を意味し、いわば集中力がＭＡＸになった状態のことです。ゾーンに入ったスポーツ選手は、圧倒的な結果を出せると言われています。

勉強でも、ゾーンに入ることが重要です。

ゾーンは、全力疾走と深く結びついています。全力疾走するからゾーンに入ることができ、逆にいえばゾーンに入っている状態が全力疾走といえます。

このような「超集中状態」に入るために、これまでお話ししてきた「アイドルの曲を聴く」ことや「集中できる環境をつくる」という方法があります。

また、**「頭を動かし続ける」**というのも有効です。ゾーンは「頭の集中モード」なので、考えごとをすることで雑念が頭から消え、集中に入りやすくなります。

あとは、あえて自分を追い込むことです。

究極な方法としては、テストの前ギリギリまで何もしないこと。

「一夜漬け」と同じで、何が何でもやらなくてはいけない状況にするのです。

さすがにそこまで勇気がないという場合は、あえて勉強以外の予定を入れるようにしましょう。

たとえば、夜に遊びに行く予定を入れると、それまでに終わらせようと昼間は集中して勉強するはずです。前項でお話しした「遊びまくる」にも通じることですが、時間を短くして自分を追い込むやり方です。息抜きのために遊ぶのではなく、勉強のために遊びの予定を入れるのです。

勉強もビジネスも、時間をかけてコツコツやる「長距離走」ではなく、短い時間に集中してやる「短距離走」なのです。

そのように発想を変えたときから、今までつかめなかった成功が見えてきます。

おわりに

あなたの夢は何ですか？

お金持ち？　モテること？　有名になること？　幸せな人生を送ること？

私は、右記のすべてです。欲求の塊のような人間に思われるかもしれませんが、このように自分の欲求を見つめ直すことが大事なのです。

「とりあえずいい点数をとりたい」「いい高校や大学に行きたい」「資格をとりたい」という程度の気持ちでは、勉強をしてもすぐに挫折してしまうのです。

私が自分の経験から完成させた「ずるい暗記術」を身につけたあなたは、もう勉強方法で迷うことはないでしょう。

でも、最後はあなた自身の「覚悟の強さ」がものを言います。

これがあるかないかで結果は大きく変わります。本書で自信をつけ、自分の欲求に向き合い、夢の実現に向け、「指一本でも引っかけてやるぞ！」という強い覚悟を持って勉強に励んでください。

どん底から、人一倍の覚悟を持って勉強してきた私からのメッセージです。

そして、この本で「ずるい暗記術」を身につければ、勉強時間以外にもたくさんの時間ができます。その時間で、ぜひ「人間力」を磨いてください。

社会に出てみて大きく問われるのが、その人の「人間力」。知識や論理的思考力だけではなく、コミュニケーション能力、共感力、聞く力、発言力、リーダーシップ力、忍耐力、問題発見力、創造力などの「人間力」がいかに重要か。弁護士になり、社会に出て、私が痛感したことです。

たくさん学び、たくさん遊び、たくさん人と接し、人を好きになり、多くの人とコミュニケーションをとるようにしてください。

ときに、喧嘩になったりすることはあるでしょう。でも、そうした経験を通じて培った「人間力」は絶対にムダにはなりませんし、あなただけの「武器」となるでしょう。

勉強ができて、さらに「人間力」を身につけ、最強の人間になりましょう。

さて、この勉強法を生み出すきっかけをつくってくれた、私のかけがえのない親友であり、ロースクールの同期でもある吉田直樹氏と三宅諭氏には、この場を借りて、感謝を伝えたいです。

また、打ち合わせのたびに叱咤激励してくださった編集者武井さんと、私の言葉をうまくまとめてくださったライターの狩野さんには、心から感謝を申し上げます。特に、武井さんの「佐藤先生、こんなの2行で終わるよ」。私は心にグサッと刺さったこの言葉をずっと忘れません（笑）。

最後に、この本を、２０１１年3月11日の東日本大震災で亡くなった、私が弁護士になることをずっと応援してくれた祖母と叔母に、そして、どんなことがあっても私のことを信頼し、応援してくれている両親に捧げます。

この本があなたの夢の扉をあけるカギになれば幸いです。

２０１５年9月

佐藤大和

参考文献

＊『ゾーンに入る技術』辻秀一著、フォレスト出版
＊『同じテーブルの10人の名前、簡単に覚えられます。』B・フィールディング著、川島隆太訳・解説、三笠書房
＊『［決定版］心に響く名経営者の言葉』ビジネス哲学研究会著、PHP研究所
＊『フェイスブックをつくったザッカーバーグの仕事術』桑原晃弥著、幻冬舎
＊『習慣術：すべてがうまくいく！人生を劇的に変えるスーパー習慣術』佐藤伝責任編集、インフォレスト
＊『脳を活かす勉強法』茂木健一郎著、PHP研究所
＊『「脳にいいこと」だけをやりなさい』マーシー・シャイモフ著　茂木健一郎訳、三笠書房
＊『あなたもいままでの10倍速く本が読める』ポール・R・シーリィ著　神田昌典監訳、フォレスト出版
＊『脳力200％活用！究極の勉強法』（別冊宝島）、宝島社

［著者］
佐藤大和（さとう・やまと）
レイ法律事務所代表弁護士（東京弁護士会所属）
1983年生まれ。宮城県石巻市出身。高卒貧乏一家の長男として生まれる。小5まで九九を覚えられず、高校での模試はダントツのビリ。偏差値30の落ちこぼれヤンキーが、二浪して三重大学人文学部に入学。大学生になってから勉強に目覚め、数か月という短期間の独学で、当時難関だった立命館法科大学院既修試験（2年コース）に合格。2009年大学院卒業後、同年の司法試験に1回目で合格（民事系科目は上位5%以内で合格）。2011年、弁護士となり、大手法律事務所を経て、2014年4月、レイ法律事務所を設立。TBS「あさチャン！」のコメンテーター、フジテレビ「リーガルハイ」「ゴーストライター」など一部監修・出演のほか、地方局（仙台、静岡、長野、福島）のレギュラー出演など、数多くのメディアに登場し、マルチ弁護士として活躍中。

ずるい暗記術
偏差値30から司法試験に一発合格できた勉強法

2015年9月17日　第1刷発行
2016年3月11日　第7刷発行

著　者――――佐藤大和
発行所――――ダイヤモンド社
〒150-8409　東京都渋谷区神宮前 6-12-17
http://www.diamond.co.jp/
電話／03·5778·7232（編集）03·5778·7240（販売）
装丁――――重原隆
本文デザイン――――大谷昌稔
編集協力――――狩野南
製作進行――――ダイヤモンド・グラフィック社
印刷――――八光印刷（本文）・加藤文明社（カバー）
製本――――本間製本
編集担当――――武井康一郎

© 2015 Yamato Sato
ISBN 978-4-478-06750-5
落丁・乱丁本はお手数ですが小社営業局宛にお送りください。送料小社負担にてお取替えいたします。但し、古書店で購入されたものについてはお取替えできません。
無断転載・複製を禁ず
Printed in Japan

◆ダイヤモンド社の本◆

努力を努力と感じずに、
ラクに習慣化できる38のノウハウ

「やりたいこと」や「学びたいこと」があるのに、「どうも続かないな」と思っているあなたへ――。驚きの心理学メソッドで、生徒を次々と世界のトップスクールに送り込んでいる「鉄板の方法」を伝授する。

努力が勝手に続いてしまう。
偏差値30からケンブリッジに受かった「ラクすぎる」努力術
塚本亮［著］

●四六判並製●定価（1300円＋税）

http://www.diamond.co.jp/